PERCORRENDO O CAMINHO DA COMPAIXÃO

Sua Santidade, o Décimo Sétimo Karmapa,
Orgyen Trinle Dordje

PERCORRENDO O CAMINHO DA COMPAIXÃO

Comentário sobre
As trinta e sete práticas do bodhisattva,
por *Nhültchu Thogme Zangpo*

Tradução simultânea e transcrição
Ringu Tulku e *Michele Martin*

Tradução do texto-raiz e edição
Michele Martin

Tradução para o português
Maria Grey

© 2009 por Karma Triyana Dharmachakra

Tradução do texto-raiz
© 1992, 1994, 2000, 2009, por Michele Martin

Todos os direitos desta edição são reservados.
© 2020 Editora Lúcida Letra

COORDENAÇÃO EDITORIAL: Vítor Barreto
TRADUÇÃO: Maria Grey
REVISÃO: Nádia Ferreira
REVISÃO TÉCNICA: Lama Karma Tartchin
PROJETO GRÁFICO, CAPA E DIAGRAMAÇÃO: Aline Paiva

Dados Internacionais de Catalogação na Publicação (CIP)

T833p Trinle, Orgyen (Dordje).
Percorrendo o caminho da compaixão : comentário sobre As trinta e sete práticas do bodhisattva por Nhültchu Thogme Zangpo / Orgyen Trinle Dordje ; tradução simultânea e transcrição Ringu Tulku e Michele Martin ; tradução do texto-raiz e edição Michele Martin ; [tradução: Maria Grey]. – Teresópolis, RJ : Lúcida Letra, 2020.
160 p. ; 21 cm.

ISBN 978-65-86133-09-7

1. Budismo. 2. Sabedoria budista. I. Zangpo, Nhültchu Thogme. II. Tulku, Rigu. III. Martin, Michele. IV. Grey, Maria. V. Título.

CDU 294.3

Índice para catálogo sistemático:
1. Budismo   294.3
(Bibliotecária responsável: Sabrina Leal Araujo – CRB 8/10213)

Sumário

Prefácio   7

CAPÍTULO 1
Preparando a base   11

CAPÍTULO 2
Algumas palavras sobre o budismo   15

CAPÍTULO 3
Um retrato de Thogme Zangpo   21

CAPÍTULO 4
Como compreender a vacuidade   29
    Dois modos de visão   31
    "Eu" e "meu" no palco principal   33
    Esta vida é o exemplo   35
    Mal interpretando a vacuidade   39

CAPÍTULO 5
Abordando o texto   43
    Vacuidade e compaixão   48

CAPÍTULO 6
O que é uma prática genuína?   53
    Além da separação   57

CAPÍTULO 7
Explorando o que é familiar   61

CAPÍTULO 8
Abandonando as preocupações mundanas 65
   A morte não é o fim 68

CAPÍTULO 9
Amizades prejudiciais e benéficas 71

CAPÍTULO 10
Buscando refúgio 77

CAPÍTULO 11
O carma da felicidade e do sofrimento 83

CAPÍTULO 12
Trocando o eu pelo outro 89
   A prática em si 91

CAPÍTULO 13
Lidando com a adversidade 95

CAPÍTULO 14
Domando a mente 103

CAPÍTULO 15
As seis perfeições 109

CAPÍTULO 16
Evitando as armadilhas 117

CAPÍTULO 17
Pontos principais e dedicação 125

OS VERSOS
As trinta e sete práticas do bodhisattva 131

Agradecimentos 155

Prefácio

As trinta e sete práticas do bodhisattva é um dos textos mais apreciados do Tibete. Rico em imagens, ele sintetiza o essencial da prática em algumas páginas e o entrega em nossas mãos. O autor, Nhültchu Thogme Zangpo, foi um grande erudito e praticante da maior simplicidade. O comentário de Sua Santidade, o Décimo Sétimo Karmapa, se mantém fiel a essa mistura de profundidade e transparência. Sua linguagem não é acadêmica. Porém, os tópicos discutidos abrangem as perenes indagações, tanto dos eruditos quanto dos praticantes. Com o frescor de sua juventude, ele é capaz de identificar o ponto-chave de cada verso e torná-lo relevante para os dias atuais. Para iluminar muitos de seus tópicos, o Karmapa usa também sua experiência pessoal, criando uma proximidade com o leitor ao relatar histórias de sua própria vida.

O Karmapa se assemelha ainda mais a Thogme Zangpo no que diz respeito à fidelidade a uma tradição literária de profunda humildade, comum nos textos tibetanos. Essa característica tem até um nome, *kheng pa pong wa*, que significa "descartar a arrogância". Nos versos de conclusão, por exemplo, Thogme

Zangpo se desculpa pela pobreza do texto, que, segundo ele, dificilmente agradará aos eruditos. Em seu comentário, o Karmapa alega saber pouco, ter uma experiência limitada e assim por diante. É desnecessário dizer que isso não deve ser interpretado literalmente. Outro aspecto do seu estilo é que o Karmapa não explicita seu senso de humor, que pode ser sutil.

Os ensinamentos que constituem *Percorrendo o caminho da compaixão* foram concedidos no convento de Tilokpur, no norte da Índia, em fevereiro de 2007, logo após o Ano Novo tibetano, uma data muito auspiciosa. Originalmente, pensou-se em divulgar esses ensinamentos por meio da *Densal*, publicação semestral que contém os ensinamentos do Karmapa e de outros lamas visitantes do Karma Triyana Dharmachakra, a sede principal da organização nos Estados Unidos. Contudo, após reflexão, achamos melhor apresentar essa série de palestras juntas, com o consentimento do Karmapa. Desse modo, a *Densal* Vol. 19 N°. 2 apresentou aos leitores o *Percorrendo o caminho da compaixão* na íntegra. Na primavera de 2008, o Karmapa fez comentários adicionais ao texto para finalizar a apresentação do livro, que foram incorporados à edição.

As trinta e sete práticas do bodhisattva é a primeira tradução do texto integral com os comentários do Karmapa. Nada mais natural, portanto, que esta edição abra com esse texto reverenciado, uma vez que o Karmapa é uma emanação de Tchenrezig, o Bodhisattva da Compaixão, e o texto evoca Tcherenzig do começo ao fim; e também nos ensina como desenvolver compaixão e sabedoria para também nos tornarmos bodhisattvas.

Possa a vida do Karmapa ser longa, e suas atividades florescerem.

Possam todos os seres vivos progredirem rapidamente ao longo do caminho, rumo ao completo despertar.

Michele Martin

CAPÍTULO 1
Preparando a base

O que quer que eu saiba, farei o melhor para transmiti-lo a vocês. Caso recebam isso alegremente, então, nossas mentes farão uma conexão. O que realmente tenho para transmitir a vocês é a bênção da linhagem, e uma vez que sou um seguidor da linhagem Kagyu, será a bênção desta tradição. Não são apenas as palavras que vocês devem receber, mas a bênção juntamente com as instruções orais precisas, o que pode produzir um efeito profundo. Com minha habilidade limitada, farei o melhor que puder. Direi o que vier à minha mente e, por meio dos tradutores, meu discurso chegará até vocês. Uma vez que são sensíveis e demonstram um vívido interesse, poderá ser benéfico.

O Dharma não é uma coisa que nos afeta imediatamente. Quando temos fome, comemos, e logo ficamos satisfeitos. Não é necessário também muito tempo para construir uma casa. Mas é difícil sentir algum benefício imediato após aprender sobre o Dharma, porque o Dharma depende de um processo e precisamos nos familiarizar com ele. Conforme nossa mente é direcionada para o Dharma, a maneira de pensar mudará com o tempo. Quando nosso modo de pensar mudar, nossa vida também se transformará. É bem possível que nossa vida se torne tanto boa para nós quanto útil para os outros.

No mundo de hoje, a tecnologia está se desenvolvendo em um ritmo muito rápido. Se olharmos para a sua natureza, descobriremos que a tecnologia é um fenômeno neutro: pode ser benéfica ou prejudicial. Quer venha a ser um ou outro, não depende da tecnologia, mas das pessoas que fazem uso dela. Quais são as suas motivações? Como usarão aquilo que criaram? Ao dizermos que o uso da tecnologia depende das pessoas, significa que, seja jovem ou velha, famosa ou desconhecida, se a pessoa tem o desejo de ajudar os outros, qualquer coisa que faça criará benefício.

Nos tempos antigos, pessoas protegeram a paz e a segurança, enquanto outras lutaram por liberdade ou por direitos humanos; todos foram considerados heróis. Parecia que algumas pessoas eram especiais e agora não parece mais ser assim. Em nossa era, a da comunicação global, todos têm a responsabilidade e todo mundo pode se tornar um herói que defende a paz, a liberdade e o bem-estar. Se a questão for "quem é o herói?", a resposta é: "Ele é, ela é, você é – todos são".

Nos dias de hoje, o progresso é feito por meio de avanços materiais, industriais e técnicos, o que é muito bom. Não há nada de errado com isso. Não poderíamos parar os avanços mesmo se quiséssemos, e seria errado tentar. Temos que progredir. Mas, junto disso, precisamos nos responsabilizar, porque problemas acompanham o progresso e precisamos enfrentá-los. Se não estamos preparados para fazê-lo, o progresso fugirá de nós. Problemas inevitáveis surgirão, mas não daremos importância a eles e nem perder de mente o valor do agir. Existe um grande perigo de que o mundo possa estar se aproximando da destruição. Se isso realmente vai acontecer ou não, depende de todos nós, e não apenas de alguns. Não importa quem somos, se possuímos motivação positiva e discernimento, podemos assumir essa responsabilidade de ver que nossas boas intenções são efetivadas. Podemos viver em um canto remoto, mas agirmos em benefício do mundo todo. Em nosso coração, sentimos amor e compaixão por todos os seres sencientes e pretendemos fazer algo que seja benéfico para eles.

Inicialmente, purificamos a nós mesmos da mesma maneira que o ouro é refinado. Quando um pedaço de minério de ouro é retirado do chão, não se parece com um metal precioso, pois está misturado a impurezas. Quando as impurezas são removidas, a essência do minério, puro ouro, aparece. Da mesma maneira, na nossa mente, existe tanto o que é benéfico quanto o que é danoso. Nosso trabalho é limpar o impuro e o prejudicial e extrair o puro e o benéfico. Então, quando esse ouro puro da nossa mente for revelado, seremos realmente capazes de ajudar o mundo.

Capítulo 2
Algumas palavras sobre o budismo

No decorrer dos últimos três mil anos, diversas tradições espirituais surgiram, e elas podem ser divididas em dois tipos. Um tipo estabelece fundamentos, um sistema filosófico, enquanto o outro não tem um sistema filosófico nitidamente desenvolvido, mas sim uma sólida crença. Isso pode incluir, por exemplo, cultuar algo da natureza, como o Sol ou a Lua.

O budismo é uma religião com princípios filosóficos claros baseados em análise e investigação e estabelecidos pelo raciocínio. No budismo, temos duas grandes escolas. Uma delas depende principalmente da devoção ao Buda, ou da confiança em seus ensinamentos e escrituras, enquanto a outra escola dá maior ênfase ao raciocínio e à análise. O budismo tibetano é parte desse segundo sistema. É formado por quatro linhagens, que são baseadas no caminho gradual de investigação e não apenas nos ensinamentos conforme foram transmitidos. O processo passo a passo ensinado por essas quatro linhagens é baseado em uma profunda análise, que se propõe a olhar por diversos ângulos com a finalidade de descobrir como as coisas realmente são.

As trinta e sete práticas do bodhisattva é um texto que pertence à tradição Mahayana (Grande Veículo) e é baseado na escola filosófica Madhyamaka (o Caminho do Meio), que, por sua vez, defende o uso da análise para alcançar um entendimento claro e a sabedoria onisciente. Encoraja também a prática das seis *paramitas*, ou perfeições: generosidade, disciplina, paciência, diligência, concentração meditativa e conhecimento profundo, ou inteligência superior. Para que as cinco primeiras dessas perfeições venham a se desenvolver, elas devem ser abarcadas pela sexta, o conhecimento profundo. Os ensinamentos contidos em *As trinta e sete práticas* são baseados nos ensinamentos do Buda, e em ensinamentos e comentários dados pelos grandes mestres da Índia.

Os ensinamentos do Buda (*Kangyur*, em tibetano) podem ser divididos de muitas formas. Uma maneira é dividi-los em três coleções de escrituras conhecidas como o *Tripitaka* – o *Vinaya* (disciplina monástica), os *Sutras* (discursos) e o *Abhidharma* (conhecimento elevado ou fenomenologia). Também poderiam ser ensinados como os quatro níveis do *Tantra* e assim por diante. A coletânea tibetana de comentários sobre os ensinamentos do Buda é chamada de *Tengyur*. Embora traduções para o tibetano tenham começado muito cedo, recentemente descobrimos que muitos ensinamentos do Buda ainda não foram traduzidos. As escrituras budistas e os textos oficiais dos grandes mestres da Índia foram escritos, em sua maioria, em sânscrito ou em páli. Mais tarde, inumeráveis comentários e obras importantes foram escritos por grandes mestres na China, no Tibete e em outros países.

No budismo, existem três caminhos, ou veículos, principais: o *Theravada* (o Caminho dos Antigos), o *Mahayana* (o Grande Veículo) e o *Vajrayana* (o Veículo Vajra ou Adamantino). Mesmo na Índia antiga, muitas divergências e discussões surgiram sobre as diferenças entre esses caminhos. Havia, por exemplo, debates sobre se os ensinamentos Mahayana foram realmente ensinados pelo Buda. Muito da literatura inicial procurava estabelecer que os ensinamentos Mahayana, de fato, tinham sido originados das próprias palavras do Buda. Essas declarações eram apoiadas por citações de escrituras e também pela validação da sua visão por meio do raciocínio lógico. Da mesma forma, houve dúvidas acerca dos ensinamentos Vajrayana pertencerem aos ensinamentos do Buda.

Essas dúvidas não são injustificadas. Existem, por exemplo, palavras nos ensinamentos Vajrayana que não significam exatamente o que aparentam, mas expressam algo além da conotação comum. Alguns aspectos do Vajrayana são profundos e complexos e não são destinados a todo mundo. Por essa razão, era recomendado que tais ensinamentos fossem mantidos em segredo, longe daqueles para quem a prática não seria apropriada. É importante compreender que diferentes tipos de pessoas são capazes de receber diferentes níveis de ensinamentos. Quando atraídas pelos ensinamentos budistas, as pessoas deveriam determinar quais são os níveis apropriados para elas. Não é necessário para todo o praticante budista entender completamente todos os três níveis de ensinamento.

Contudo, quando de fato estudamos e meditamos o Vajrayana, deveríamos entender seu sentido verdadeiro e seu significado profundo. No Tibete, estudamos e praticamos esta tradição, o Vajrayana.

No passado, muitos mestres ilustres praticaram nas duas maiores universidades budistas da Índia, Nalanda e Vikramashila. Esses mestres eram muito cultos e altamente realizados e promulgaram os ensinamentos genuínos do Vajarayana ao compor práticas e dar instruções orais. Nagarjuna, o fundador da filosofia Madhyamaka, escreveu numerosas práticas, comentários e instruções especiais sobre uma variedade de tantras e ensinamentos Vajrayana. Seus alunos, Aryadeva e Chandrakirti seguiram seu exemplo, compondo tanto textos analíticos quanto tântricos. Assim como outros eruditos de Nalanda, o grande mestre Naropa, também praticou e ensinou o Vajrayana. Em suma, ao olharmos para a história, descobrimos que esses mestres que praticaram e ensinaram o Vajrayana, eram, além de qualquer controvérsia, considerados budistas.

Essa história sobre eruditos demonstra que o budismo não é apenas um sistema de crenças baseado na fé. Ao praticar o Dharma, desenvolvemos sabedoria pelo uso da nossa inteligência e pelo poder de raciocínio. Ao ouvir, refletir e meditar, dissipamos as dúvidas e desenvolvemos a habilidade de analisar usando o raciocínio lógico. Primeiro, ouvimos e estudamos para aprender os diversos panoramas do Dharma. Então, por meio da reflexão, repetimos as questões em nossa mente e usamos muitos tipos de raciocínio para desenvolver convicção. Finalmente, por intermédio da meditação, unificamos nossa mente com a certeza da visão que estabelecemos.

Quando decidimos praticar a *bodhichitta* – a intenção de atingir o despertar para o bem de todos os seres vivos –, não estamos apenas tentando entender o significado da palavra. Estudar e refletir não é o suficiente. Seja amor e compaixão ou bodhichitta, apenas dizer "amor significa isso" e "bodhichitta significa aquilo" não é o suficiente. Temos que vivenciar o que a bodhichitta significa tão nítida e intensamente de modo que ela se torne una com as nossas mentes e se misture com a nossa forma de ser. Se isso não acontece, temos apenas um entendimento conceitual em vez de algo que experimentamos, de fato.

Ao estudar e refletir sobre um ensinamento, devemos escolher um texto que nos dê um entendimento amplo do ensinamento do Buda. O grande mestre Atisha disse que, no âmbito de todas as ciências, uma única vida não é o suficiente para se conhecer os ensinamentos profundamente. Nós não temos o tempo necessário para estudar cada um dos ensinamentos do Buda, e a vida é muito curta para passar por cada comentário ou texto-raiz. Portanto, escolhemos um texto que nos permite saber tudo ao estudarmos apenas um; como o sol nascente, que pode iluminar todas as coisas. Uma expressão famosa diz: "Conhecendo um, você conhece tudo". Ao estudar um texto específico em profundidade, podemos ir além de todas as dúvidas; portanto, há um grande benefício em restringir o foco dessa forma.

As trinta e sete práticas do bodhisattva é esse tipo de texto. É, principalmente, um ensinamento sobre o treinamento da mente da tradição Kadampa. No Tibete, muitos grandes mestres de todas as linhagens estudaram, refletiram e meditaram neste texto, e também escreveram comentários e transmitiram seus ensinamentos. *As trinta e sete práticas do bodhisattva* é considerado tão profundo quanto amplo, abrangente e conciso. Inclui todos os pontos necessários para compreender as práticas de um bodhisattva.

Antes de começarmos com o texto propriamente dito, todavia, é importante saber alguma coisa sobre seu autor, Nhültchu Thogme Zangpo. Se não dissermos algo sobre ele, pode parecer que o ensinamento caiu do céu. Vai nos ajudar a fazer uma conexão com as palavras saber que foram escritas por alguém que é feito de carne e osso como nós, e que também vivenciou a felicidade e o sofrimento.

CAPÍTULO 3
Um retrato de Thogme Zangpo

Nhültchu Thogme Zangpo (1295–1369) nasceu na região de U-Tsang, no Tibete, perto do monastério Shakya. Quando jovem, seu nome era Konchog Zangpo. Sabemos que grandes indivíduos surgem de grandes adversidades, e isso também é verdadeiro para Thogme Zangpo. Desde sua tenra infância, enfrentou grandes dificuldades. Sua mãe morreu quando ele tinha três anos. Em seguida, sua avó cuidou dele, mas morreu no mesmo ano. Finalmente, um tio o acolheu e o educou, provendo tudo o que Thogme Zangpo precisava para se tornar monge, com quatorze anos de idade. Aos vinte e nove anos, Thogme Zangpo recebeu a ordenação completa de um bhikshu.

Durante seus estudos iniciais do Dharma, Thogme Zangpo teve aulas com muitos eruditos Sakyas que abarcavam ensinamentos *Madhyamaka* e *Chittamatra* (Mente Apenas), como também os diversos votos de bodhichitta. Recebeu, ainda, várias iniciações, transmissões orais, instruções-chave e comentários desses mestres Sakya. Posteriormente, ouviu e praticou muitas instruções do Dzogtchen (Grande Perfeição). Em seguida, recebeu ensinamentos de todas as outras linhagens e escolas, praticando-os todos imparcialmente.

Quando tinha quinze anos de idade, outros monges deram a ele um novo nome. O chamaram de Thogme, o que em tibetano significa "aquilo que não pode ser barrado por nenhum obstáculo" ou "irrefreável". Recebeu esse nome quando estudava em um monastério, onde havia um seminário e um pátio para debates. Um grande erudito, Nyima Gyaltsen, viera para ensinar O compêndio do conhecimento (*Abhidharmakosha*), um texto fundamental do famoso mestre indiano Asanga. O erudito promoveu um debate sobre o abhidharma e apresentou o conceito de vivenciar o sofrimento sem aflições. Ele perguntou a seus alunos: "Liberdade das aflições e sofrimento são contraditórios. Qual é a base comum que ambos compartilham? Como é que eles não estão em contradição?". Em outras palavras, como é possível ter sofrimento sem aflições, uma vez que, quando as aflições estão ausentes, não há causa para o sofrimento?

No início, ninguém conseguia responder. Então, Thogme, que naquela época tinha apenas quinze anos, veio com a resposta. E disse: "Alguns arhants (mestres realizados) das tradições dos Ouvintes e dos Sábios Solitários ainda vivenciam o sofrimento por meio da força motriz de seu carma". E essa era a resposta correta, pois arhants superaram suas aflições, mas alguns ainda sofriam devido ao seu carma. Thogme Zangpo encontrou um exemplo que estabeleceu uma base comum para duas afirmações aparentemente contraditórias. Todos ficaram tão impressionados com a resposta que o apelidaram de Thogme, o tibetano para *Asanga*. Todos os que estavam presentes, tanto os outros eruditos como seus próprios professores, disseram: "Você é realmente como o grande mestre Asanga".

Thogme Zangpo não se tornou apenas um excelente erudito, como também um grande praticante. Tendo realizado a natureza igual entre o eu e o outro, ele sabia como se colocar no lugar dos outros. Quando tinha cerca de trinta anos, um mendigo infestado de piolhos apareceu na porta do monastério. Thogme Zangpo percebeu que, se soubessem que tal pessoa estava perto do portão, provavelmente iriam expulsá-lo. Portanto, Thogme secretamente levou comida e suprimentos para o mendigo na calada da noite. Isso continuou por alguns dias, mas então, em uma noite, Thogme Zangpo não encontrou o homem e o procurou por toda parte. Finalmente, achou o desventurado mendigo se escondendo em um canto.

Perguntou a ele: "Por que está fazendo isso? Por que não te vi antes?"

O mendigo respondeu: "Estou me escondendo porque qualquer um que me vê fica tão enojado pela minha aparência que sente náuseas. Então, tento ficar longe deles".

O homem parecia tão lastimável que Thogme Zangpo o levou para o seu quarto e o deixou ficar lá. Ele levou mais comida e lhe deu um de seus mantos, um belo traje de lã, para substituir os trapos infestados de piolho. Thogme Zangpo se deu conta que, caso essa roupa velha fosse jogada fora, todos os piolhos morreriam, uma vez que vivem de sangue. Para impedir que isso acontecesse, pegou as roupas do mendigo e as vestiu.

Por usar uma roupa infestada, ficou muito doente, tão doente que não podia mais ensinar. Seus alunos foram investigar o que estava acontecendo e, ao ver o que ocorria, protestaram. Alguns diziam: "Para ser um praticante do Dharma não é preciso se envolver com os problemas e os sofrimentos dos outros. Você pode praticar o Dharma e também levar uma vida confortável". Outras pessoas diziam: "Você está desperdiçando seu tempo. Não é preciso arruinar sua vida preciosa por algo tão insignificante quanto um piolho". Outros alunos simplesmente pediam: "Pelo bem de seus alunos, por favor, não faça isso. Por favor, livre-se dos piolhos e coloque uma roupa limpa".

Thogme Zangpo sorriu e respondeu: "Até então eu vivi muitas vidas, e todas elas foram um desperdício porque foquei apenas em mim mesmo. Dessa vez, estou usando meu corpo e minha vida para ajudar os outros. Agora, eu tenho um propósito e me sinto útil. Mesmo se morrer agora, saberei que usei meus anos de vida de forma significativa. Por isso, não deixarei de lado o que estou fazendo. Não abrirei mão disso".

Ele continuou usando as roupas do mendigo por mais dezessete dias. Alimentou os piolhos até todos desaparecerem. Parece que morreram de tanto comer. De qualquer maneira, depois que todos morreram, Thogme Zangpo os juntou e, como se faz com humanos, fez *tsa-tsa* (pequenas imagens sagradas) para eles. Então, com preces e mantras, ele conduziu uma espécie de ritual póstumo para os piolhos mortos.

Essa é uma história sobre trocar o próprio conforto pelo sofrimento dos outros. Tem uma outra história sobre como Thogme Zangpo incorporava situações difíceis em sua vida e no caminho.

Uma vez, quando estava muito doente, um de seus alunos perguntou: "Que doença você tem?"

Thogme respondeu: "É uma doença muito especial".

"O que podemos fazer para livrar você dessa doença?"

"Não há do que se livrar", disse o professor. "Apenas rezo para as Três Joias, dizendo ao Buda, ao Dharma e à Sangha que, se minha doença é boa para outros seres, me abençoe com a enfermidade. Se for bom que eu morra, me abençoe com a morte. Se é benéfico que eu fique bem, abençoa-me com saúde. Faço essas orações, mas não faço nada para me livrar da doença". Dessa forma, Thogme Zangpo usou sua doença alegremente como um modo de praticar o caminho. Com esses exemplos, podemos ver que Thogme Zangpo não escreveu apenas palavras em um texto; ele, de fato, as colocou em prática.

Quando estava em seu leito de morte, amigos e alunos vieram vê-lo, sabendo que eram seus últimos dias. Um de seus alunos perguntou: "Depois que morrer, em qual terra pura você nascerá?"

Ele respondeu: "Existem alguns mestres Kadampa que rezam para renascer nos reinos dos infernos, e eu também ficaria feliz em nascer lá, caso fosse útil para os seres vivos. Se meu renascimento não for benéfico para os outros, não será bom para mim, mesmo que eu renasça em uma terra pura. Não tenho desejo por tal renascimento. De qualquer maneira, eu não tenho o poder de renascer onde desejar. Eu apenas rezo para renascer em um lugar onde serei capaz de ajudar os seres sencientes".

Um de seus melhores alunos, Pang Lo Tchenpo, costumava dizer para os seus próprios alunos: "Se você quer ser como eu, terá que acumular feitos positivos durante poucas vidas. Mas, se quer ser como meu professor, Thogme Zangpo, terá que acumular feitos positivos por realmente muitas vidas".

Então, essa é a história de Nhültchu Thogme Zangpo, que compôs *As trinta e sete práticas do bodhisattva*. Podemos achar que parte dessa narrativa nos faz sentir um pouco desconfortáveis, especialmente a que diz respeito a viver numerosas vidas. Mas Thogme Zangpo era um grandíssimo mestre e bodhisattva que dedicou sua vida a ajudar todos os seres vivos, realizando um vasto oceano de mérito. Qualquer um que aspira a esse estado de ser, provavelmente terá que acumular muitas ações positivas por numerosas vidas.

Quando falamos sobre vidas, normalmente significa que, por várias vezes, temos que nascer, viver e morrer. Contudo, em um outro sentido, pode ser possível que a acumulação de ações virtuosas de muitas vidas possa ocorrer em alguns instantes. Tudo se resume aos meios hábeis. Se pudermos acumular ações positivas de uma maneira poderosa – se possuímos sabedoria e compaixão e nossas ações são feitas de uma maneira correta e direto ao ponto –, então, não é impossível acumular os feitos positivos de muitas vidas, talvez até de éons. A acumulação de mérito de um éon pode acontecer durante um período curtíssimo.

Todos os grandes mestres do passado e todos os bodhisattvas tiveram a aspiração de beneficiar cada ser vivo. Da mesma maneira, cada um de nós pode ter essa aspiração. Eu faço preces para que todos nós, assim como Thogme Zangpo, sejamos capazes de produzir grande benefício para todos os seres sencientes.

Capítulo 4
Como compreender a vacuidade

Nos textos Madhyamaka, ensinamentos sobre a vacuidade, ou não eu, são apresentados de forma muito clara, com abundância de raciocínio e citações das escrituras. Contudo, esses ensinamentos são tão vastos e profundos que mesmo professores pertencentes ao mesmo sistema filosófico Madhyamaka têm abordagens diferentes; por exemplo, existem muitas maneiras de explicar a natureza da mente. A despeito de toda essa diversidade, o que não pode ser rejeitado nem abandonado é a posição fundamental sustentada por Madhyamaka: a unidade de vacuidade e de originação dependente. As duas surgem juntas e são inseparáveis. Vacuidade não entra em conflito com a originação dependente e, da mesma maneira, a originação dependente não entra em conflito com a vacuidade. Essa profunda união da vacuidade com a originação dependente é a visão suprema de todos aqueles que compreendem profundamente a filosofia budista.

A primeira linha da homenagem, "*Vendo que todos os fenômenos nem vêm e nem vão*", se refere à liberdade de todas as elaborações ou construções mentais. O que queremos dizer com o termo *construções mentais*? Essa expressão se refere à miríade de maneiras pelas quais a nossa mente se agarra a objetos ou fenômenos. Por exemplo, uma construção mental pode se referir a um conceito que toma algo como existente ou inexistente. Pode se referir a um conceito que supõe ser algo verdadeiro ou não, ou a um conceito que toma algo como pertencente ao samsara ou ao nirvana, ou que vê um evento em termos de algo vindo ou indo.

Todas essas maneiras de agarrar-se são comumente resumidas em oito tipos: surgimento e cessação, extinção e permanência, vir e ir, diferentes e iguais. Um desses pares, "vir e ir", está na primeira linha do verso. Uma vez que a verdadeira natureza do fenômeno está além de todas as construções mentais, o verso afirma que um ser iluminado, tal como Tchenrezig, vê que "todos os fenômenos nem vêm e nem vão". Portanto, derradeiramente, toda a construção mental é vazia de existência verdadeira.

Há muito a ser dito sobre outro par de construções mentais, existência e não existência, que é um conceito fundamental da filosofia budista. Uma abordagem é ver essas construções mentais sob diferentes perspectivas. A primeira perspectiva pode ser definida com a seguinte afirmação: "Um fenômeno que meramente existe é vazio". Este nível de "mera existência" se relaciona à originação dependente, ou realidade convencional. Sem isso, não haveria nada aparecendo para indivíduos comuns. Portanto, evitamos dizer que as coisas não "existem", mas, em vez disso, dizemos que são "meramente existentes".

Uma segunda perspectiva pode ser definida pela afirmação "os fenômenos realmente existem". Essa segunda perspectiva, que entende as coisas como sendo realmente existentes, é o que queremos negar porque ela forma a base para a fixação no "eu", nos obscurecimentos e no sofrimento. Compreender o que precisamos rejeitar nos permite ver claramente que o modo como nossa mente toma as coisas como reais é baseado em uma ilusão, ou, em outras palavras, que o fenômeno não existe da maneira como achamos que existe.

A vacuidade dos fenômenos é explicada em muitos comentários e sob diferentes pontos de vista. Mas, para um indivíduo comum cujo intelecto é destreinado, e, portanto, um pouco grosseiro, pode ser difícil analisar as aparências e, dessa forma, descobrir sua natureza vazia. Por quê? Pois, devido a um hábito prolongado, nossa mente invariavelmente quer se agarrar ao fenômeno (por exemplo, o "eu" que tanto estimamos) como sendo realmente existente. Esse é o motivo da importância do estudo. Ele nos permite analisar o fenômeno e entender sua verdadeira natureza: como ele existe (meramente) ou como ele não existe (verdadeiramente ou em nível absoluto).

Dois modos de visão

Precisamos descobrir por conta própria uma maneira mais profunda de ver, e fazemos isso procurando. Existem dois modos de encontrar essa maneira profunda: podemos abordá-la pelo lado positivo ou pelo viés negativo. A primeira linha do verso, "*Vendo que todos os fenômenos nem vêm e nem vão*", usa a negação para ir além das construções mentais. A maioria dos textos principais usa esse processo de eliminação para chegar a uma conclusão ou a um entendimento. Outra forma de abordagem é vê-la pelo lado positivo, que é uma perspectiva geralmente encontrada nas instruções orais e nos manuais de prática. Esse método faz uso de afirmações, tais como: "Faça isso ou aquilo e você experimentará tal e tal", ou: "Não faça isso. Abandone". Dessa forma, somos guiados diretamente, e não por meio da negação, mas de uma maneira positiva e mais experimental. Contudo, no início, é melhor para os praticantes começar com a negação, uma vez que apresenta pouco risco e grande benefício.

Quando falamos sobre tentar encontrar a verdade pelo viés positivo, podemos imitar os cientistas cuja pesquisa é apoiada em objetos externos. Não tentamos analisar os fenômenos usando somente a lógica, observando se um fenômeno é existente ou inexistente. Em vez disso, nos direcionamos para um objeto, como uma coluna ou um vaso, e o examinamos para ver se ele existe ou não. Quando os cientistas investigam a estrutura sutil de uma partícula, não pensam sobre o que surge em suas mentes, mas vão direto ao objeto e o examinam por diferentes ângulos. Os fatos que os cientistas estabelecem por meio de suas investigações permitem a eles descobrir a natureza característica do objeto que estão explorando. Como resultado desse processo, ganham certeza sobre o que é o objeto.

Seguindo esse exemplo e olhando atentamente para o objeto em si, podemos descortinar uma visão muito mais clara e obter mais confiança na nossa descoberta. Isso nos ajuda a perceber que o objeto é não apenas alguma coisa da nossa mente subjetiva; e isso é importante porque, quando estamos pensando *subjetivamente*, de fato, estamos focados nos conceitos que surgem em nossa mente. Contudo, se pensarmos *objetivamente* e focarmos em um aspecto desse objeto *conforme ele surge*, o objeto pode ficar claro e consistente. Acho muito importante tentar olhar para os fenômenos objetivamente e observar o próprio objeto da investigação de forma direta. Se pudermos fazer isso sem procurar ver se o objeto é real ou não e, mais adiante, caso estivermos trabalhando com as profundas instruções orais de um lama e mantendo uma mente inabalável, então, por meio do trabalho com a visão, seremos realmente capazes de encontrar o significado definitivo, ou a realidade última. Portanto, existem duas abordagens: negação e afirmação, e precisamos de ambas, uma vez que se complementam.

"Eu" e "meu" no palco principal

Ao buscar uma visão ou posição filosófica, algumas pessoas procuram algo que seja fácil de compreender e simples de explicar. Essa opção é abraçada como sendo a melhor. Mas, na realidade, tudo que encontra é uma visão que se encaixa em sua maneira de pensar. Na verdade, é bem difícil achar uma visão que transcenda nossa esfera do pensamento mundano. Estamos sempre procurando o que queremos encontrar. Por exemplo, se somos apaixonados por ouro, procuraremos em toda parte lugares que vendam ouro, e compraremos o melhor que pudermos encontrar. Se somos grandes apreciadores de flores, não iremos procurar por joias ou negociantes de ouro, mas buscaremos floriculturas e ali compraremos. Ao desejar ouro, nos fixamos no ouro; ao querer flores, nos fixamos nas flores. Seguimos a trilha dos nossos conceitos, incapazes de ir além deles.

O que acontece em seguida? Ao seguir nossos desejos, desenvolvemos uma estupenda fixação por nós mesmos ("eu") e ao que achamos que é nosso ("meu"). Essa fixação por nós mesmos surge sem qualquer tipo de base ou fundamento. Isso acontece devido ao poder de nossos padrões habituais. Embora não haja nenhum critério lógico válido encontrado ao pensar em termos de "eu" e "meu", esses conceitos parecem ser bem fundamentados.

Isso ocorre, pois, desde tempos sem começo, temos considerado os fenômenos como sendo verdadeiramente existentes. Essa forma de pensar pode não parecer óbvia para nós, mas está, de fato, profundamente arraigada em nossos padrões habituais. É por isso que soa natural "eu" e "meu" parecerem reais, e é a causa de considerarmos esses conceitos como positivos e razoáveis. Qualquer coisa que não esteja do lado desse "eu" e desse "meu", consideramos ser "outro", e tendemos a nos aproximar do outro com dúvida e rejeição.

Qual é, então, o nosso maior obstáculo? Tomar esse precioso "eu" como autônomo ou independente. Esse tipo de conceitualização está alojado profundamente em nossas mentes. Como rompemos com isso? Devemos nos voltar para a via da negação, e uma vez que estamos investigando a visão, fazemos várias perguntas. Esse "eu" realmente existe? Ou não existe?

Repetindo isso várias vezes em nossas mentes, nos familiarizamos com esse "eu"; vemos que não é possível estabelecer um "eu" independente, um "eu" que não se apoia em alguma outra coisa. Investigar dessa forma enfraquece o hábito da fixação em um "eu".

Na medida em que essa fixação diminui, também diminuirão todas as outras formas de apego. E isso nos permite continuar a procurar pela natureza de ser das coisas. Conforme fazemos isso, descobrimos que essa verdadeira natureza não cai no extremo da permanência nem do niilismo. Dando continuidade à nossa investigação, nos aproximamos do estado natural da mente e nosso poder de visão profunda aumenta. Se pudermos chegar a uma visão estável, então, torna-se possível para alguém apontar a natureza da nossa mente baseando-se na visão.

Dessa forma nos alegramos, pois descobrimos uma visão que transcende o mundo por meio de uma mente que se aproxima, cada vez mais, da natureza de ser das coisas. É como o encontro de uma mãe com seu filho; eles estendem a mão em direção um ao outro e se tocam: a mente que se agarra a um "eu" é permeada pela sabedoria que realiza o "não eu".

Esta vida é o exemplo

Nesta tarde, provavelmente, todos estão um pouco sonolentos, inclusive eu. O que precisamos saber é o porquê dessa fixação no eu ser tão poderosa. Qual é o motivo que nos permite pensar que é correto sentir raiva por qualquer coisa que aconteça, caso não esteja de acordo com os interesses de "eu" e "meu". Ou, por outro lado, caso esteja de acordo, pensamos que é o melhor, independentemente do que seja. Qual é a razão desse grande apego a nós mesmos? Poderíamos dizer que vem dos padrões habituais criados durante muitas vidas, mas não podemos, de fato, ter certeza disso. O que podemos saber é desta vida e, mesmo assim, em todos esses anos, não nos lembramos de muitas coisas, especialmente daquelas que não foram muito agradáveis. Eu esqueci muito da minha infância. Das muitas coisas que me aconteceram, lembro-me de poucas e, geralmente, me lembro das coisas boas, das coisas legais. Aqueles momentos que não foram tão bons, eu praticamente esqueci. Mesmo assim, é melhor olhar para esta vida para descobrir como a fixação por nós mesmos surge.

Quero contar a vocês uma história sobre algo que aconteceu na minha vida, porque acho que a intensidade da fixação no eu pode depender da infância – como fomos treinados quando jovens e como nossos pais nos criaram. Lembro que, quando era muito pequeno, com cerca de três ou quatro anos de idade, meus pais tentavam me criar bem e me amavam, o que é o mais importante. Tudo o que queriam era me dar qualquer coisa que me fizesse sentir feliz e amado. Essa é uma forma muito boa de criar uma criança, mas oferece também oportunidade para que o orgulho se desenvolva.

Com esse tipo de criação, qualquer pequena coisa que não dá certo, a criança chora e os pais reagem imediatamente tentando fazer alguma coisa a respeito. Os pais se esforçam para achar algo que agradará a criança, mas não explicam o que estão fazendo e todo o esforço que tiveram. Apenas dão à criança o que ela quer, e então a criança se torna como um pequeno monarca, pensando: "Qualquer coisa que eu queira ou goste, acontece. Qualquer coisa que eu não goste e não queira, não acontece".

Como resultado, mesmo que a criança no começo não se sinta importante, uma arrogância é desenvolvida. Portanto, nessa situação é importante dar uma explicação que mostre outra perspectiva. Os pais podem deixar claro para a criança que, para presenteá-la com algo que lhe agrade, eles tiveram que passar por muitas dificuldades, que inclui ter de eliminar todas as coisas que a criança desgosta. Se a criança compreende claramente os motivos pelos quais algo positivo aconteceu, isso poderia ajudar a prevenir o desenvolvimento de um grande orgulho.

Durante o outono no Tibete, os animais são mortos por sua carne. Quando eu era uma criança pequena, não gostava nada disso. Talvez houvesse alguma compaixão envolvida, ou talvez medo, mas, essencialmente, eu não gostava de ver animais sendo mortos. Costumava chorar e dizer: "Não mate eles!". Eu fazia várias coisas para impedir o abate, sem sucesso. Na nossa região do Tibete, um animal não é morto com uma faca, mas por sufocamento, o que envolve amarrar a boca e as pernas no animal. Quando via isso acontecer, eu queria correr até lá e tirar todas as amarras. Mas eu era muito pequeno para tirar as cordas do animal. Então, em vez disso, eu fazia uma grande cena, chorando. Mas não importava o que fizesse, eu não conseguia impedir que aquilo que eu não desejava acontecesse.

Uma vez que não podiam satisfazer minha vontade, meus pais me explicavam: "Não podemos fazer sua vontade. Se não matássemos esse animal, não teríamos comida. Não haveria nada para você comer". Eu compreendi que o lugar onde meus pais viviam era muito alto e os vegetais, ali, não cresciam. Portanto, não havia mais nada para comer. Mencionando o Dharma, eles também explicaram a ação de matar segundo o ponto de vista do carma. Dada a nossa condição, não tínhamos escolha, pois não éramos independentes do nosso carma.

Ouvir dos meus pais explicações e motivos me ajudou. De alguma maneira, entendi que o abate era feito por causa da necessidade de sobrevivência e que o carma tinha um papel nisso tudo. No entanto, essa explicação sobre o carma não me alegrou. Ver todas as causas de porque os seres vivos não são independentes e sofrem me deu ainda mais motivo para ficar triste. Entretanto, é importante usar tais ocasiões para ensinar, direto ao ponto, para que quando situações parecidas vierem a ocorrer no futuro, as crianças possam se voltar para as antigas explicações de seus pais e ter um maior entendimento. Certamente, isso foi benéfico para mim e, talvez, possa também ajudar outros.

Os pais tentam criar um mundo maravilhoso para seus filhos. Porém, o que é ainda mais esplêndido é dar a eles explicações que aumentem sua inteligência e habilidade de discriminar o certo e o errado. No budismo, falamos sobre o que deve ser abandonado e o que deve ser adotado. De acordo com o Dharma, o que é mais difícil de abandonar, mesmo que tentemos muito, é nossa fixação ao ego, esse apego ao "eu". Portanto, estamos guiando nossas crianças para a direção errada se encorajamos seu autocentramento. Devemos ensinar a elas o que é realmente útil. Por exemplo, os pais cultivam vegetais e os oferecem a seu filho. Isso ajudará a criança temporariamente, mas não tanto quanto se eles, efetivamente, ensinassem o filho como cultivar a comida. Da mesma maneira, como praticantes do Dharma, especialmente aqueles que são professores, devemos ser cuidadosos para que, ao explicar sobre o Dharma, tenhamos a capacidade de ajudar as pessoas a entender os ensinamentos de uma maneira prática e efetiva e não de uma forma que reforçará a fixação no eu.

Mal interpretando a vacuidade

Quando falamos sobre vacuidade, não queremos dizer uma vacuidade em branco, um vácuo sem nada ali – sem causa, sem efeitos, sem interdependência. Esse é o extremo do niilismo. Se pensarmos na vacuidade dessa maneira, pode ser muito assustador. Uma vez, quando eu tinha cerca de oito ou nove anos de idade, estava lendo um texto enquanto meu professor estava sentado ao meu lado. Supostamente, eu deveria estar estudando, mas pensamentos estavam tumultuando minha mente. Eu não estava pensando sobre vacuidade, uma vez que não havia ainda estudado os principais textos sobre vacuidade e compaixão. Estava pensando que as pessoas morrem, que o mundo, uma vez que surge, cessa, e até as deidades desaparecem. Conforme imaginava esses tempos finais, tudo desapareceu ao meu redor. Mesmo objetos diante dos meus olhos derreteram como água. Se eu olhava, nada era nítido. Fiquei tão apavorado que comecei a suar e não consegui mais ficar sentado. Então, perguntei ao meu professor se podia sair. Sem se alegrar com a ideia, ele franziu a testa, mas assentiu. Corri para o terraço perto do meu quarto e andei de um lado para o outro enquanto respirava profundamente, o que de fato ajudou. Acho que se não tivesse ido para o ar livre naquele momento, poderia ter enlouquecido. Foi extremamente assustador.

Esse exemplo demonstra que, se nos equivocamos acerca da vacuidade como sendo nada, ou em branco, experiências difíceis podem ocorrer. Depois, quando falei sobre isso com outro professor, ele disse que o ocorrido era bom: "Você estava prestes a realizar a vacuidade". Não sei se esse é ou não o caso. O que eu sei é que, pensar na vacuidade como um vácuo pode produzir muito medo. Considere todo o sofrimento que vivenciamos quando não encontramos a coisa que queremos. Como nos sentiríamos se todas as coisas simplesmente desaparecessem? O sofrimento e o medo seriam ilimitados.

Portanto, podemos dizer que todos os fenômenos são "vazios", mas precisamos de uma explicação. Podemos dizer que existem "aparências", mas precisamos saber como elas existem e como analisar as diversas enunciações sobre como elas surgem. Não é suficiente dizer que existe vacuidade e existe aparência, ou que alguma coisa está simplesmente aparecendo ali. Precisamos conhecer a não-dualidade da aparência e da vacuidade, a verdadeira natureza da mente.

Isso nos leva de volta ao primeiro verso do texto. Inseparável do nosso lama, Tchenrezig realizou essa não-dualidade, aquilo que é o mais difícil de saber. Como perfeição do conhecimento e do amor, os dois são dignos de nosso maior respeito e, portanto, prestamos homenagem a eles.

Capítulo 5
Abordando o texto

É importante compreender como ouvir os ensinamentos e também como entender as motivações e as intenções do mestre que os escreveu. Por exemplo, é dito que, quando Thogme Zangpo escrevia este texto, ele não tinha comida suficiente para comer ou roupas boas para vestir; ele era, na realidade, muito pobre. Primeiramente, ofereceu esses ensinamentos para alguns de seus alunos mais próximos e, dali em diante, dizem que os recursos materiais chegavam a ele de forma espontânea.

As trinta e sete práticas do bodhisattva é um texto bem curto. São poucas palavras, mas seu significado é profundo e, embora condensadas, suas instruções são compreensíveis e práticas – podemos, de fato, usá-las na vida cotidiana. Todos os tópicos ilustrados no texto têm uma base sólida nos sutras, no tantra e em tratados autênticos. Ademais, o conselho que Thogme Zangpo nos dá não é apenas o que gostaríamos de saber, mas o que é útil e relevante para as práticas fundamentais do budismo. Em suma, *As trinta e sete práticas* contêm a dimensão vasta e profunda dos ensinamentos. É por isso que muitos estudaram e adotaram essas instruções conforme percorriam o caminho da prática.

Se enumerarmos, de fato, as estrofes do texto, encontraremos quarenta e três, e não trinta e sete. A primeira estrofe (a) é a homenagem; a segunda (b), que começa com "*Budas perfeitos, fonte de todo benefício e felicidade*", é a promessa de compor *As trinta e sete práticas*. Essas duas estrofes iniciais não são incluídas nas trinta e sete, porque não são instruções. As últimas quatro estrofes do texto (c, d, e, e f), começando com "*Seguindo o caminho dos sutras e tratados*", também não são incluídas na contagem porque são as estrofes de conclusão. Portanto, as instruções, de fato, são apenas trinta e sete.

Na tradição textual budista, um autor começa prestando homenagem aos seres iluminados e continua com versos que explicam o título, elogiam, e assumem o compromisso de escrever o texto. O título do texto se refere a como nos engajar no modo de vida do bodhisattva. Dizem que um texto autêntico é virtuoso no início porque oferece a razão para a criação do texto; virtuoso no meio, pois revela o significado do corpo principal do texto; e virtuoso no fim porque resume o significado com uma conclusão. Para bodhisattvas iniciantes, é explicado gradualmente o caminho e como viajar ao longo dele; e, uma vez que as práticas são condensadas em trinta e sete e organizadas em versos, o texto é chamado de *As trinta e sete práticas do bodhisattva*.

Homenagem

— a —

Namo Lokeshvaraya

*Vendo que todos os fenômenos nem vêm
e nem vão
Todavia, buscando apenas beneficiar os
   seres vivos,
Ao mestre supremo e protetor Tcherenzig
Eu presto incessante homenagem com
   corpo, palavra e mente.*

Esta estrofe de abertura começa com a saudação *Namo Lokeshvaraya*, que significa "eu presto homenagem", ou "me prostro ao nosso refúgio especial". Em sânscrito, *namo* significa "prestar homenagem"; *loka* significa "o mundo"; e *ishvara* significa "Senhor". Nesse caso, "Senhor do Mundo" é outro nome para Avalokiteshvara, ou Tchenrezig, em tibetano. Portanto, a saudação simplesmente significa "Eu presto homenagem a Avalokiteshvara". Essa homenagem e a seguinte estrofe estão intimamente conectadas ao assunto do texto inteiro, uma vez que representam o significado condensado dos ensinamentos sobre sabedoria e meios hábeis.

A primeira linha, "*Vendo que todos os fenômenos nem vêm e nem vão*", diz respeito à sabedoria onisciente. A habilidade de conhecer pertence à natureza da mente e, portanto, é algo que todos nós possuímos. Contudo, em nossa situação atual, não sabemos de tudo. Não conhecemos todos os objetos do conhecimento porque algumas condições obscurecem o conhecer. Entretanto, esses obscurecimentos não fazem parte da natureza da mente; são obscurecimentos mentais e não uma qualidade da mente. Caso pertencessem à própria base que constitui a mente, não poderiam ser removidos. Mas sabemos que um obscurecimento é algo que pode ser removido.

Dizem, por exemplo, que as listras são uma qualidade do tigre: o tigre não seria um tigre se não tivesse listras. Os obscurecimentos que encobrem a mente, contudo, não são assim: não fazem parte da natureza da mente, pois a mente tem a qualidade de ser clara e cognoscente. Os obscurecimentos têm uma qualidade especial: podem ser purificados, pois, uma vez que não pertencem à natureza da mente, é possível removê-los.

Isso indica que um antídoto pode ser usado para trabalhar os obscurecimentos e, de fato, existem certos métodos que podem ser muito eficazes. Quanto mais trabalhamos com eles, mais véus são retirados e mais forte se torna o nosso entendimento. Quando todos os obscurecimentos e impurezas tiverem sido erradicados, nossa mente poderá conhecer tudo. Entenderá claramente e vivenciará plenamente toda a gama dos fenômenos, cada objeto da consciência.

Por vários motivos, atribuímos ao objeto de conhecimento muitas categorias diferentes, tais como aflitivo ou não aflitivo, composto ou não composto. Dependendo se é prejudicial ou benéfico, também o definimos como parte do samsara ou do nirvana. Em geral, é possível descrever a natureza do fenômeno de duas formas: em termos de como ele é verdadeiramente, em sua natureza absoluta; e enquanto parte de toda a gama de fenômenos que aparecem para nós. Quando falamos de toda a gama de fenômenos, significa qualquer coisa que surge ou qualquer coisa passível de ser experimentada por uma consciência.

É importante entender que essas duas maneiras – a experiência de um fenômeno e a sua natureza – são a mesma coisa, apesar de as definirmos de duas formas diferentes. O modo como todo o fenômeno aparece para nossa mente e o modo como ele, de fato, é pode ser definido distintamente, mas o entendimento último é que a mente iluminada vê tudo, tanto o fenômeno como aparece quanto a sua verdadeira natureza. Chamamos a mente de Buda de onisciente porque ela pode ter consciência de tudo. Isso significa que a mente iluminada é completamente lúcida; é capaz de ver exatamente como as coisas são, sem obstruções ou máculas. Isso é chamado de mente iluminada ou sabedoria iluminada. Portanto, a primeira estrofe de *As trinta e sete práticas*, "V*endo que todos os fenômenos nem vêm e nem vão*", refere-se à sabedoria onisciente de um Buda.

Sob essa perspectiva da sabedoria de uma mente iluminada – em outras palavras, do ponto de vista absoluto ou da perspectiva da natureza da mente –, toda a gama de fenômenos do samsara e do nirvana tem o mesmo sabor; samsara e nirvana são vistos como iguais. No texto *Fundamentos do caminho do meio*, de Nagarjuna, essa realização é evocada pela via da negação.

Encontramos, no começo deste famoso texto:

Tudo que surge em dependência
Não possui cessação e nem surgimento

Nem extinção e nem permanência
Nem vir ou ir,
E não é diferente e nem o mesmo.
As construções mentais completamente apaziguadas,
É ensinado ser a paz.
Eu me curvo às palavras genuínas
Dos Budas perfeitos.

Nos ensinamentos Madhyamaka, é dito que olhar as coisas sem uma investigação ou análise é a maneira samsárica de ver. Com uma mente destreinada e sem ser purificada, vemos tudo separadamente, por meio de um foco dualista de bom e mau, dentro e fora e assim por diante. Mas quando olhamos para a natureza das coisas claramente e diretamente com consciência plena, as coisas não são como aparentam. Nesse nível de entendimento ou experiência, que está além do ir e vir, os fenômenos não existem realmente; eles são vistos como livres de qualquer base. As pessoas não "entram" nem "saem" do samsara, e nem "vão" para o nirvana. Entretanto, para um estado de mente obscurecido, essas coisas parecem acontecer.

Vacuidade e compaixão

Pessoas iluminadas, que veem tudo isso nitidamente, ficam repletas de compaixão até o ponto em que seu único desejo é ajudar os outros. Elas não têm nenhum outro propósito ou atividade, exceto trabalhar para o benefício daqueles que estão presos no samsara e que ainda não compreenderam como os fenômenos realmente são. Quando o nível de realização além do ir e vir é obtido, a pessoa é um bodhisattva ou um buda, capaz de surgir em diferentes formas. Para ajudar as pessoas cujas mentes precisam ser subjugadas, aparecem em uma forma irada. Para aqueles que precisam trabalhar com o apego, eles tomam a forma apropriada. Para aqueles que lidam com a raiva e o ódio, aparecem ainda de outra forma que seja relevante para a situação. Dessa maneira, budas e bodhisattvas se manifestam em uma miríade de formas. Tchenrezig é um bodhisattva conhecido pelo amor e pela compaixão. Ele irradia essas qualidades e, por meio delas, trabalha para o bem-estar dos seres sencientes. É por isso que a primeira estrofe de *As trinta e sete práticas* homenageia o mestre supremo e protetor Tchenrezig, pois ele e suas qualidades são inseparáveis.

Existe uma história que ilustra porque é necessário, às vezes, para budas e bodhisattvas, assumirem formas diferentes para ajudar os outros. É dito que, há tempos atrás, durante a época de outro Buda chamado Kashyapa, o Primeiro Karmapa recebeu ordenação de monge. Naquela época, ele disse para outro monge: "Você parece um macaco". Por causa desse comentário, é dito que, durante suas 500 vidas posteriores, ele renasceu como um macaco. Muitos anos depois, quando esse monge se tornou o Primeiro Karmapa Dusum Khyenpa, ele não era muito bonito, pois sua aparência lembrava a de um macaco. Parece que, antes de se tornar monge, teve uma namorada que o largou por não ser bem apessoado. Quando isso aconteceu, ele ficou tão triste que se tornou um renunciante, entrou para um monastério e se dedicou à prática do Dharma. Posteriormente, tendo atingido a realização, pensou: "Caso eu tenha, no futuro, essa forma pouco atraente, acho que não serei capaz de ajudar outros seres. Meu rosto vai repelir as pessoas". Portanto, ele fez preces, com compaixão: "No futuro, que eu possa sempre ter um rosto bonito".

A compaixão de um professor que abre as portas para o Dharma pode ter muitas formas. É dito que, para algumas pessoas, nenhuma quantidade de ensinamentos ajudará. Elas não obterão nada que venha de muita falação e precisarão de algo a mais. Por isso, ao manifestar uma aparência especial ou um jeito de ser inspirador, é possível ajudar pessoas a se transformarem. Às vezes, a conexão mente a mente poderá ajudar. O verdadeiro professor é flexível ao identificar o que se encaixa e é mais apropriado para cada aluno.

Promessa para compor

— b —

Os Budas perfeitos, fonte de todo benefício e felicidade,
Surgem da realização do Dharma genuíno;
Uma vez que isso depende de saber como praticar,
As práticas do bodhisattva serão explicadas.

Esses versos constituem uma promessa para compor o texto. A primeira linha, que afirma que os budas perfeitos são a *"fonte de todo o benefício e felicidade"*, precisa ser compreendida corretamente. O que o texto quer dizer é que felicidade e bem-estar são resultado de ações positivas, e o Dharma ensinado pelos budas nos mostra quais ações são positivas e quais não são. Portanto, se praticarmos seguindo essas instruções, alcançaremos a felicidade e seremos capazes de beneficiar os outros. Às vezes, as pessoas cometem o erro de pensar que toda a sua felicidade depende diretamente do Buda ou do lama. Consideram esses professores todo-poderosos, enquanto pensam que elas mesmas pouco podem fazer, ou até mesmo nada podem fazer. Nas suas preces, pedem: "Por favor, me faça feliz. Faça com que tudo corra bem". Contudo, acreditar que os budas são onipotentes e ficar na dependência deles, como se nossa felicidade pudesse ser decidida por eles, não é o caminho. Os budas não têm o poder de nos fazer felizes. Afinal, caso tivessem de fato esse poder, não haveria problemas no mundo, não é mesmo? Mas, de fato, nossa felicidade depende de nós. Temos que criá-la: ninguém poderá nos dar. Portanto, precisamos saber lá no fundo como gerar a própria felicidade – é isso o que os budas ensinam. É de extrema importância compreender isso.

Como criamos a felicidade? Trabalhando com nossas ações e motivação e, para fazer isso, precisamos saber como praticar o Dharma. Treinamos sendo cuidadosos e atentos, cientes do que deve ser feito e do que deve ser evitado. Os benefícios que *"surgem por meio da realização do Dharma genuíno"* não acontecem do nada, da mesma forma que tornar-se um buda também não. Como o ciclo de uma fruta, o Buda, com o passar do tempo, maturou em um despertar completo. Da mesma maneira, também temos que usar o Dharma e praticá-lo, uma vez que não nos tornamos iluminados sem motivo, sem causas ou condições.

Dizem que a compaixão é a principal causa da iluminação. Sem compaixão, não é possível tornar-se iluminado. Portanto, nossa compaixão é crucial. A bodhichitta é o elemento principal na prática do Dharma, e as seis paramitas são consideradas como o método para desenvolvê-la. Budas e bodhisattvas estão sempre empenhados nela (bodhichitta) para treinar suas mentes, e nós devemos seguir seu exemplo. As práticas do bodhisattva explicadas neste texto acionam as causas e condições que nos levarão ao despertar completo.

Capítulo 6
O que é uma prática genuína?

— 1 —

*Agora que possuímos um receptáculo
dotado de liberdade e recursos tão
difícil de encontrar,
Que possamos conduzir a nós e os outros
além do oceano do samsara.
Sem pausa, durante noite e dia
Ouvir, refletir e meditar é a prática
do bodhisattva.*

A primeira instrução de *As trinta e sete práticas do bodhisattva* fala sobre como praticar o Dharma. No início, precisamos ter o desejo de praticar e, então, escutamos ou estudamos para desenvolver compreensão. Porém, a compreensão não é o suficiente. Precisamos também de convicção, um tipo de certeza, e para isso a reflexão é necessária. Confiar nos ensinamentos e na prática do Dharma também não é o suficiente. Temos que unir isso à nossa vivência e, para tanto, a meditação é necessária. Portanto, para praticar o Dharma precisamos de três coisas: estudar, refletir e meditar.

O texto afirma que, uma vez que temos um corpo humano muito precioso, agora é a hora de praticar o Dharma. E, para fazer isso bem, precisamos saber o que cultivar e o que eliminar, dentre todas as coisas que normalmente fazemos. Sem a capacidade de fazer certas coisas e nos abstermos de outras, não somos livres para praticar. Mas os seres humanos têm essa capacidade, e é por isso que a vida humana é a mais apropriada para a prática do Dharma. Podemos ver que alguns animais têm qualidades muito especiais e conseguem fazer coisas inusitadas. No entanto, para eles não é possível o engajamento consciente e consistente em uma determinada coisa e a abstenção em outra, assim como fazem os seres humanos. Portanto, os animais não têm liberdade, de fato, para praticar. Enquanto seres humanos, temos essa oportunidade única, uma liberdade especial. Por esse motivo, precisamos trabalhar diligente e completamente, tanto de dia quanto de noite.

Não é suficiente ouvir os ensinamentos com interesse e atenção. Mesmo quando não estamos ouvindo ensinamentos, devemos manter nossa mente voltada para o Dharma, de forma que se misture a qualquer coisa que surja em nossa mente. Quando assim o fazemos, estamos praticando verdadeiramente. O texto afirma que devemos praticar noite e dia, sem distração. Como fazer isso? Como praticar de forma que a mente não fique dispersa? Para responder a isso, precisamos saber o que constitui uma prática inequívoca do Dharma.

Os Kadampas têm uma história sobre alguém que queria praticar o Dharma. Ele não sabia como praticar e, no começo, tentou de uma forma equivocada e, só mais tarde, descobriu do que realmente se tratava a verdadeira prática. O jovem começou circumambulando uma estupa. Sem desviar o olhar em distração, deu várias voltas com muita diligência. Ele fez isso por muito tempo, de forma sincera. Por fim, um grande mestre Kadampa apareceu, o viu e perguntou: "O que você está fazendo aqui?"

O jovem disse: "Estou praticando o Dharma. Estou circumambulando a estupa."

O mestre Kadampa respondeu: "Você está circumambulando. Isso é muito bom. Mas não seria melhor fazer uma prática do Dharma genuína?" O mestre Kadampa, então, foi embora, deixando o jovem perplexo.

Ele disse para si mesmo: "Pensei estar praticando o Dharma, mas, talvez, não seja isso. O que é, então, a prática do Dharma?" Ele decidiu que ler as escrituras devia ser o caminho. Foi até a biblioteca, pegou alguns livros e começou a ler. Estava lendo com grande dedicação e recitando as escrituras quando, novamente, encontrou com o mestre Kadampa.

Mais uma vez, o mestre perguntou: "O que você está fazendo?"

O praticante disse: "Estou lendo as escrituras e praticando o Dharma."

O mestre respondeu: "Isso é muito bom. Mas não seria melhor para você engajar-se na prática genuína do Dharma?"

Nesse momento, o jovem ficou bem confuso e não sabia o que fazer. Então, pensou sobre o assunto e, finalmente, exclamou: "É isso! Meditação! Não é nada além disso". Em seguida, foi até um canto silencioso, sentou-se com as pernas cruzadas, fechou os olhos e meditou, pensando que estava fazendo uma ótima prática.

Porém, de novo, o mestre Kadampa apareceu e perguntou: "O que você está fazendo aqui?"

"Estou praticando o Dharma e meditando", respondeu.

O mestre disse: "É muito bom fazer meditação. Mas não seria melhor se você realmente praticasse o Dharma de forma precisa?"

O jovem ficou completamente consternado e perguntou: "O que é, então, a verdadeira prática do Dharma? Não é circumambular a estupa, não é ler as escrituras e nem é meditar. O que é?"

O mestre Kadampa respondeu: "Cortar o seu apego. Essa é a prática do Dharma".

Assim como essa pessoa da história, muitos querem praticar e começam a fazer as práticas preliminares. Se perguntarmos às pessoas qual foi o resultado de sua prática, algumas dirão: "Ah, foi muito difícil quando fiz as prosternações. Eu suei litros". Essas pessoas falam sobre quanto esforço fizeram e quais foram as dificuldades e problemas que tiveram. Se o resultado de sua prática foi ainda melhor, podem dizer: "Ah, foi ótimo! Foi tão lindo!", e falarão sobre todos os sentimentos bons que tiveram.

Também existem pessoas que querem falar sobre uma realização ainda mais superior. Elas dirão: "Ah, eu tive uma experiência incrível! Vi Vajrayogini dançando na minha frente!" Essas pessoas se alegrarão por terem visto divindades e vivido outras experiências especiais. Como consequência, podemos pensar que esses sinais são resultado da prática e, uma vez que ocorrem com certas pessoas, vão ocorrer com a gente também. Mas esses não são os resultados que realmente importam.

Todos sabemos que, quando praticamos muito e nos tornamos um pouco cansados ou chateados, podemos ficar desequilibrados e, então, todo tipo de coisas aparentemente positivas ou negativas podem aparecer em nossas mentes. Esses não são necessariamente os verdadeiros sinais da prática. O verdadeiro sinal da prática deve ser o modo como lidamos com as nossas emoções aflitivas. Por exemplo, podemos lembrar: "Ontem, às nove horas, alguém fez alguma coisa horrível comigo e eu estava prestes a ficar com raiva; mas, então, refleti sobre isso, e não fiquei com raiva". Esse tipo de resultado mostra se nossa prática se tornou ou não, de fato, o antídoto para nossos sentimentos e pensamentos negativos. Isso é muito importante, porque, às vezes, não enxergamos o que a prática do Dharma de fato é e para o que serve. Fazemos algumas práticas, mas consideramos outro tipo de resultado como verdadeiro. Isso é um erro que não devemos cometer.

Além da separação

Às vezes, falamos sobre praticar o Dharma como se houvesse alguma coisa a ser feita. Vemos a nossa mente como uma coisa e a prática do Dharma como outra: nossa mente está aqui, enquanto a prática do Dharma está lá. Isso não é a verdadeira prática do Dharma. Quando falamos sobre amor e compaixão, por exemplo, podemos pensar assim: "Preciso gerar amor e compaixão", como se tivéssemos que trazê-los de algum outro lugar, como se a nossa mente, do jeito que é, não pudesse ser amor naquele exato momento. Se quisermos gerar bodhichitta, é nessa mente que possuímos agora que devemos permitir que surjam o amor e a compaixão.

A compaixão não está em algum outro lugar: a mente atual é compassiva. A prática do Dharma não é algo que fazemos enquanto a mente está em um lugar diferente. Se esse fosse o caso, a prática poderia não surtir efeito e não transformaria nossas mentes. Portanto, essa separação é o problema tanto no caso da tentativa de gerar amor e compaixão, quanto ao trabalhar com as emoções negativas. É igual em todos os casos: precisa acontecer na mente. A bodhichitta, ao surgir com a prática, é inseparável de amor e compaixão. Quando isso acontecer, estaremos praticando o Dharma verdadeiramente.

É importante distinguir entre a sessão de meditação e o período seguinte. Durante a sessão, nos concentramos completamente no que estamos fazendo, seja analisar alguma coisa ou deixar nossa mente repousar em um estado meditativo. Existe um ditado tibetano que diz que a carne e os ossos são inseparáveis; em outras palavras, nos tornamos completamente unos com a prática. Quando a sessão termina e o período de pós-meditação começa, a prática não ocupa mais por completo a nossa mente. Entretanto, tentamos manter algum efeito benéfico do estado meditativo. Antes de encerrarmos a sessão, devemos cultivar a intenção: "Depois de encerrar esta sessão, ao longo do dia, tentarei manter o sabor desta experiência e deste estado mental".

Dessa maneira, embora nossa mente não esteja tão intencionalmente focada como ocorre durante a sessão da prática, ainda estaremos vivendo sob sua influência. Essas duas fases se reforçam. A sessão da prática influencia o dia todo, e a forma como vivenciamos o dia também ajuda a tornar a sessão da prática mais poderosa e significativa.

Como praticar durante a noite? Obviamente, nesse caso, não podemos fazer uma sessão e ir para a pós-meditação. Se pensarmos demais antes de dormir, podemos nem conseguir dormir. É dito que o sono se transforma no estado mental que apresentávamos antes de dormir. Se o nosso estado mental era positivo, o sono torna-se positivo; se era negativo, o sono torna-se negativo. Quando estamos deitados na cama à noite, antes de realmente dormirmos, muitos de nós pensamos sobre o que fizemos durante o dia e planejamos o que vamos fazer no dia seguinte. Podemos aproveitar esse tempo para destrinchar o que fizemos durante o dia. O que foi virtuoso, e o que não foi? Uma vez que tivermos definido isso, podemos nos comprometer a, no dia seguinte, tentar aumentar as ações positivas e diminuir as negativas. Com essa motivação, a noite inteira pode se tornar uma prática positiva. Se cairmos no sono dessa forma, ele não será inútil ou sem propósito; o sono se transformará em um estado de mente positivo e, desse modo, o poder daquilo que é virtuoso aumentará.

Isso encerra a primeira estrofe das trinta e sete práticas e, agora, precisamos seguir adiante. Estamos no século vinte e um e não devemos ficar parados em um só lugar. Devemos seguir em frente, como um belo carro.

CAPÍTULO 7
Explorando o que é familiar

– 2 –

O apego aos amigos agita como a água;
A aversão aos inimigos queima como o
  fogo.
Obscurecido pela ignorância – não se sabe
  o que adotar ou rejeitar –
Abandonar a sua terra natal é a prática
  do bodhisattva.

Quando as pessoas são próximas da gente e as coisas materiais estão por perto, o que normalmente surge é o apego e o seu oposto, a aversão. Quando nos tornamos familiarizados com algo que consideramos bom e agradável e que se encaixa com a nossa forma de pensar, nos apegamos. Se algo ruim acontece com as pessoas ou coisas conectadas a nós, nossa mente se torna perturbada. Isso é fácil de entender; contudo, é verdade também que essa familiaridade é necessária para que a aversão surja. Não podemos considerar alguém como inimigo se não sabemos nada sobre ele ou ela, porque, para dizer que alguém é mau, precisamos saber o porquê. Nós enumeramos todas as coisas negativas sobre alguém antes de enxergar essa pessoa como inimiga, e, portanto, mesmo para ter um inimigo, precisamos de certa familiaridade. Quando concluímos que uma coisa não é legal ou não nos serve, passamos a vê-la como inimiga, tendemos a colocá-la de lado e desenvolver aversão por ela. Portanto, tanto o apego quanto a aversão têm origem na familiaridade com os seus objetos.

Normalmente, entende-se que a familiaridade surge ao ficarmos por muito tempo em um só lugar; esse é o contexto em que a palavra tibetana *pha yul*, ou "terra natal", é usada aqui. Eu saí do Tibete, por exemplo, mas isso não significa que eu não tenha aversão ou apego. Quando falamos de "terra natal", conforme foi usado no texto, não estamos falando apenas de uma casa ou de um terreno; estamos falando sobre uma situação que amplia a nossa aversão ou o nosso apego. Portanto, a instrução principal é reduzir o forte apego e a aversão que influenciam a mente.

Por mais próximos que sejamos de um amigo ou pensemos conhecer bem uma pessoa, é possível descobrir algo – um segredo, um problema ou uma falha – que desconhecíamos. Por melhor que pareça ser esse amigo, ele ou ela esconde defeitos e problemas. Ao contrário, podemos não ver nada de bom em nossos inimigos e pensar que a pessoa é um amontoado de defeitos. Ainda que nossa antipatia seja grande, podemos descobrir algo novo. Deve haver algum motivo para ela ou ele ser assim; por exemplo, uma situação na qual a pessoa não tinha controle algum pode ter levado ela a se comportar mal. Afinal, se não houvesse motivos para a pessoa ser tão negativa, ele ou ela não teriam se tornado nosso inimigo.

    Portanto, é melhor não olhar para amigos ou inimigos sob pontos de vista extremos – ver um amigo como totalmente bom e um inimigo como pura tradução da maldade. Embora possa não ser possível agora ver inimigos e amigos como iguais, devemos tentar compreender e reagir de uma forma que não seja excessiva: nosso amigo não está cem por cento certo e nosso inimigo, totalmente errado. Esse é o principal ponto dessa segunda instrução. Não se trata de abandonar o nosso país; nossa residência não é o que essencialmente determina a forma como reagimos. Mesmo Thogme Zangpo diria que ele é do Tibete. As instruções não falam de se livrar da nossa casa ou abandonar nossa propriedade; elas dizem para evitar os extremos do apego e da aversão ao nos relacionarmos com nossos "amigos" e "inimigos".

CAPÍTULO 8

Abandonando as preocupações mundanas

— 3 —

*Ao abandonar lugares nocivos, as aflições
   gradualmente diminuem.
Sem distrações, a atividade virtuosa
   naturalmente floresce.
Quando a mente se torna clara, a convicção no Dharma surge.
Recorrer ao isolamento é a prática do
   bodhisattva.*

O isolamento é extremamente importante, especialmente para a "meditação de habitar em paz", ou *shamatha*. Normalmente, se diz que, ao encontrar um bom lugar solitário e praticar corretamente por cerca de três a cinco meses, atingiremos o habitar em paz. Às vezes, até dizem que, se não alcançamos esse estado dentro desse período de tempo, não iremos atingi-lo nunca, mas isso pode não ser completamente verdade. Para mim, pessoalmente, esse tipo de solidão acabou. O máximo de isolamento de que desfruto atualmente é no meu quarto e, mesmo assim, não é tanto.

O que é o verdadeiro isolamento? Ele pode ser dividido entre isolamento interno e externo. Independentemente da situação pessoal, seja vivendo sozinho ou com outras pessoas, o isolamento externo não é o suficiente, pois é uma coisa externa, "lá fora", como um momento em que não há uma multidão ao nosso redor. Mas, de fato, o isolamento externo não é tão importante quanto o interno, uma vez que todas as perturbações surgem de dentro. Portanto, é mais difícil encontrar o isolamento interno. Criamos nossa própria multidão de pensamentos que empurram a mente de um lado para o outro. Uma vez que existem dentro de nós, essas distrações não são fáceis de expulsar. Embora difícil de encontrar, o isolamento interno é a coisa mais importante; somente isolar-se externamente não é o suficiente. Por favor, tentem encontrar o verdadeiro isolamento.

— 4 —

Todos se separarão de seus parentes e
velhos amigos;
A riqueza, fruto do trabalho prolongado,
será deixada para trás;
A convidada, a consciência, deixa seu
abrigo, o corpo, para trás:
Abandonar a preocupação por esta vida
é a prática do bodhisattva.

É dito que, para a prática do Dharma ser eficaz, depende do quanto podemos abrir mão da preocupação por esta vida, o que é comumente descrito sob a ótica dos oito dharmas mundanos, (preocupação por ganho e perda, prazer e dor, fama e esquecimento, elogio e crítica). É nesta vida que temos a oportunidade de trabalhar com eles. Não devemos procrastinar e pensar que iremos fazer isso mais tarde, nesta ou em outra vida. Um texto essencial da tradição Sakya, *Abandonando os quatro apegos*, diz que, se estamos apegados a esta vida, não somos um genuíno praticante do Dharma. O verdadeiro praticante é livre de apego por esta existência.

Quando falamos sobre as preocupações desta vida (resumidas pelos oito dharmas mundanos), devemos entender porque precisamos nos empenhar em abandoná-las. O motivo é porque os oito dharmas mundanos representam nossos apegos, as variadas formas como nos agarramos às coisas desse mundo. Não importa se essas coisas parecem ser legais ou desagradáveis, boas ou más, benéficas ou prejudiciais. É apenas o nosso apego a elas – de forma cega, sem compreensão ou reflexão – que perturba nossa mente e nos enche de apreensão.

Muitos de nós apreciam o Dharma e desejam praticá-lo. Porém, muitas das vezes praticamos com seriedade quando estamos infelizes ou temos algum problema. Portanto, na verdade, estamos apenas tentando nos alegrar. A nossa prática do Dharma é um pouco assim. Pensamos que é algo para se fazer quando há um problema, mas o apelo maior é esta vida, o mundo e todo o entretenimento que há nele. Consideramos nossas posses mundanas essenciais para a vida, a própria fonte da nossa felicidade. Mesmo que não pensemos assim de forma consciente, no fundo da mente, nossa atitude inconsciente se agarra a todas essas coisas mundanas como se nossa felicidade realmente dependesse delas.

Quando temos essa atitude, nossa prática do Dharma começa a lembrar um tratamento de AIDS. Disseram-me que, quando alguém tem AIDS, a comida que é ingerida alimenta primeiro o vírus da AIDS e, somente depois, quando o vírus estiver saciado, o nutriente vai para as partes saudáveis do corpo. Uma coisa parecida acontece quando praticamos o Dharma com muito apego às oito preocupações mundanas. Como o vírus da AIDS, elas recebem a maior parte da nossa atenção, enquanto o Dharma fica em segundo plano. Outro exemplo é aquele apresenta a mente como uma tela. Quando projetamos o filme no lado mundano da tela, temos uma grande variedade de imagens atraentes; mas, no lado Dharma da tela, não há muita coisa. É assim que praticamos o Dharma quando nossa mente está preocupada com assuntos mundanos.

A morte não é o fim

Ao olharmos para nossa vida, precisamos vê-la como um continuum, um encadeamento desde a infância até o presente e em direção ao futuro. Se não enxergarmos nenhuma continuação desta vida para a próxima, não temos motivo para deixar de considerar os interesses desta vida como sendo mais importantes. Existem inúmeros debates sobre a existência, ou não, de uma vida após a morte. É possível criar argumentos plausíveis para ambos os lados e ninguém pode dizer de forma definitiva o que realmente acontece. Porém, uma coisa nós identificamos: imagine um amigo ou alguém que amamos muito e essa pessoa morre ou desaparece; por conta do amor que sentimos por essa pessoa, é muito difícil, na verdade quase impossível, sentir que ela se foi por completo e não está presente de alguma forma.

A maioria das pessoas tem a sensação que o ser amado falecido ainda está acessível de alguma maneira. Falamos com ele em nossas mentes, visitamos o lugar onde foi cremado ou enterrado, e oferecemos flores enquanto fazemos preces para o seu bem-estar. Sonhamos que ele ou ela ainda estão vivos; alguns podem até ver ou sentir a presença da pessoa que morreu. É uma coisa natural. Esse sentimento não é algo decorrente da religião. O amor nos leva a acreditar que existe alguma coisa naturalmente inata que não acaba ao morrermos. Tanto faz se pensamos sobre nós mesmos ou sobre os outros, temos um sentimento muito forte de que existe alguma coisa que não acaba. Nós não nos vemos como uma vela que acaba quando a chama se apaga, mas como uma tocha, uma luz que brilhará em qualquer lugar para o qual essa chama brilhante possa ser transferida. Acredito que essa forma de pensar é muito importante.

Se pensarmos que a morte é o fim, ficaremos repletos de remorso e medo. Mas, para voltar rapidamente à lógica, se a morte é um fim, então, a sua causa deve ser o nascimento, uma vez que não pode haver um sem o outro. Nesse caso, devemos considerar o nascimento tão lamentável quanto a morte e, por fim, do mesmo modo, todas as comemorações de aniversário.

No entanto, não precisamos ver a morte como um fim, porque a morte é a continuação do nascimento. A morte não é um nada ou um espaço em branco; é o momento em que transferimos a nossa luz para outra forma de existência. Com esse entendimento, podemos ver que é possível dedicar nossas vidas para trazer ao mundo luz para as gerações futuras, tanto quanto para o nosso próprio futuro. Se compreendermos isso, então a morte não se torna um fim e tampouco algo a temer.

Capítulo 9
Amizades prejudiciais e benéficas

— 5 —

Ao fazer amizade com eles, os três venenos aumentam;
As atividades de ouvir, refletir e meditar diminuem
Enquanto o amor e a compaixão são aniquilados.
Abandonar os maus amigos é a prática do bodhisattva.

Conforme passamos pela vida, dependemos dos amigos, e eles podem ser positivos ou negativos. Quando um amigo é negativo, significa que, ao nos associarmos a ele, algumas das nossas tendências habituais sutis mais positivas podem mudar ou ser destruídas. Mas isso não significa que, por meio desse amigo, nos tornemos algo completamente diferente ou sejamos afetados de uma maneira negativa óbvia.

Além disso, quando falamos sobre abandonar amizades negativas, não queremos dizer necessariamente indivíduos, mas também podemos estar indicando as influências. Em um nível mais profundo, esse verso, na verdade, fala sobre nossa própria mente e se ela está focada em coisas positivas ou em coisas negativas. Quando nossa mente está envolvida com os três venenos (ignorância, aversão e desejo excessivo), todas as emoções negativas se alastram e sua influência aumenta. Portanto, embora devamos tentar evitar pessoas negativas, se a mente é incapaz de se desconectar dos seus próprios venenos e influências negativas internas, não teremos uma boa prática.

— 6 —

Contando com ele, os defeitos desaparecem;
As qualidades aumentam como a lua crescente.
Estimar o amigo espiritual genuíno
Mais que o próprio corpo é a prática do bodhisattva.

Essa estrofe fala do "bom" amigo, ou de uma influência positiva que chamamos de "amigo espiritual". A literatura budista discorre sobre as diversas qualidades do amigo espiritual ou professor. Do Vinaya ao Vajrayana, diversas características espirituais são recomendadas, e pode não ser fácil encontrar alguém que reúna todas elas. De fato, é muito difícil achar tal pessoa. Entretanto, devemos tentar encontrar alguém que possua poucos defeitos e falhas, e mais qualidades positivas.

As duas últimas linhas dessa estrofe ensinam como nos relacionar com essa pessoa: "*Estimar o amigo espiritual genuíno mais que o próprio corpo"*. Contudo, é importante não se equivocar ao se relacionar com o amigo espiritual e fazê-lo da maneira correta. Ao procurar um guia adequado, é dito que não devemos ter pressa ao escolhê-lo e devemos focar em nosso propósito, sem aceitar imediatamente qualquer um como amigo espiritual. Contudo, uma vez que decidimos nos relacionar com alguém como professor, devemos parar de procurar. Em suma, devemos primeiro procurar e ter certeza da nossa decisão, e somente a partir daí nos relacionar com alguém enquanto amigo espiritual.

Não escolher um amigo espiritual cedo demais significa que, quando começamos a procurar, consideramos se a pessoa tem todas, ou a maior parte, das qualidades de um professor. Esse é o foco da nossa investigação, e não se gostamos ou não da pessoa. Caso nos preocupemos com afetos e desafetos e não examinemos a qualificação da pessoa enquanto amigo espiritual, não saberemos se estamos atraídos por uma pessoa boa ou ruim, por alguém que tem todas as qualidades necessárias ou não. Podemos gostar de alguém que não está à altura e, sem saber, podemos nos relacionar com uma pessoa desqualificada. Por essa razão, não devemos nos apressar em escolher um amigo espiritual.

Todavia, uma vez que aceitamos alguém como nosso amigo espiritual, cessamos a busca. A essa altura, devemos ter realizado todos os testes necessários para descobrir se esse professor em potencial tem mais qualidades que defeitos e, nesse momento, a nossa decisão já deve ter sido tomada. Tendo feito isso, paramos de avaliar o professor. Nesse ponto não é benéfico continuar testando porque, a partir disso, temos que nos relacionar com tal pessoa como um guia. Como fazemos isso? Nós não pensamos: "O Buda disse que é 'bom ter um amigo espiritual; portanto, eu devo ter um". Nesse caso, não é só a nossa cabeça, mas os sentimentos que entram em jogo.

Essa conexão com um professor tem que vir vividamente do coração e brotar de nossas mais profundas aspirações. Vamos nos relacionar plenamente para descobrir como a prática pode se beneficiar dessa relação. "O que preciso aprender? Qual é o meu real interesse?" É a experiência que nos responderá, e não uma análise sem fim.

É como se apaixonar. Não amamos uma pessoa porque alguém nos disse que devíamos amá-la. Amamos alguém porque o sentimento brota do nosso coração. Da mesma maneira, o relacionamento com o amigo espiritual tem que vir do coração e ressoar com o mais profundo propósito de vida. Quando isso acontece, recebemos os benefícios de uma autêntica relação com um amigo espiritual. Caso contrário, se continuarmos avaliando, criaremos uma distância entre nós e o professor.

Além disso, uma vez que cada ser humano tem um lado positivo e um negativo, tem qualidades e defeitos, certamente vamos encontrar algumas falhas; não existe um ser humano que não tenha defeitos. Se encontrarmos algumas falhas no novo amigo espiritual, podemos sair em busca de outro professor e começar novamente outro capítulo. Outra vez passaremos pelo processo inteiro de investigação e testes e, de novo, encontraremos falhas. Portanto, o processo vai continuar se repetindo. Podemos passar a vida inteira tentando encontrar o amigo espiritual certo e nunca receber nenhum dos benefícios que essa relação tem a nos oferecer.

CAPÍTULO 10
Buscando refúgio

— 7 —

Eles próprios cativos na prisão do
samsara,
Quem os deuses mundanos poderiam
proteger?
Portanto, ao buscar proteção, tomar
refúgio
Nas Três Joias infalíveis é a prática do
bodhisattva.

Em alguns países, existem tradições antigas, não necessariamente parte de uma religião estabelecida ou tradição filosófica, mas que pertencem a um tipo de animismo. Se as pessoas veem uma rocha impressionante, pensam que ali tem alguma coisa especial. Uma árvore excepcional com centenas de anos de idade é considerada como extraordinária. Esse tipo de adoração se baseia nos deuses mundanos, espíritos elementais e assim por diante, e as pessoas os veem como externos a si mesmos e, ao mesmo tempo, como muito poderosos. Sem assumir a responsabilidade pelo próprio futuro, as pessoas fazem preces para esses espíritos ou seres, colocando sua vida nas mãos de outros.

Essas práticas podem surtir um efeito positivo até certo ponto. No Tibete, as pessoas apontam para uma montanha e dizem: "Esta montanha é tal e tal deus". O benefício disso é que essa crença ajuda a proteger o meio ambiente. Se a montanha é sagrada, não pode ser destruída nem danificada. Dessa forma, não apenas o meio ambiente é protegido, mas muitos animais que vivem nas montanhas também são poupados. Quando eu era jovem, diziam às crianças que havia deidades e espíritos nas montanhas. Quando íamos perto desses lugares especiais, sentíamos que precisávamos nos comportar bem e fazer pouco barulho. Aprendemos certo princípio, ou código, que era benéfico para a terra onde vivíamos.

Contudo, no budismo, a abordagem de procurar proteção é diferente. Podemos compreender o que é essencialmente a proteção ou o refúgio pelo exemplo da vida cotidiana. Percebemos que, para a maioria, os pais nos protegem desde que nascemos. No budismo, damos um passo adiante e dizemos que nós mesmos somos nossos próprios protetores. Por exemplo, somos nós que proporcionamos a nós mesmos refúgio do sofrimento. Quando morremos, somos nós que devemos nos esforçar para manter a lucidez e a atenção plena, sem depender de ninguém. Contudo, isso é muito difícil; portanto, no começo, contamos com a ajuda dos outros.

Como deveria ser esse "outro"? Deve ser alguém que deseja nos beneficiar e que não nos iluda. As Três

Joias – o Buda (o professor), o Dharma (os ensinamentos) e a Sangha (a comunidade) – são assim: estáveis e confiáveis. Ao tomar refúgio, adentramos em uma relação recíproca: as Três Joias nos dão a proteção de ser um refúgio e, por nossa vez, depositamos nossa confiança. Quando tomamos refúgio, pensamos nas Três Joias, compreendendo que o Buda é como um médico, o Dharma é como o remédio e a Sangha é como o enfermeiro.

Em geral, existem quatro motivos para buscarmos refúgio. O primeiro deles é nos libertar do samsara; o segundo é libertar os outros de seus medos; o terceiro é desenvolver compaixão não apegada àqueles próximos (amigos e parentes), o que evita o sentimento de cisão para com aqueles que estão longe (inimigos); e o quarto motivo é a expansão e o crescimento da compaixão para além da esfera familiar, em direção a todos os seres sencientes. Vendo como o Buda incorporou todas essas qualidades, compreendemos por inferência que seus ensinamentos e aqueles que o seguem são preciosos; portanto, buscamos refúgio nos três – no Buda, no Dharma e na Sangha.

No entanto, dentre as Três Joias, o Dharma é considerada a mais importante. Às vezes, temos ideias estranhas sobre o Buda. O abordamos em busca de refúgio e pensamos que ele estenderá sua mão gigante do céu e nos puxará para fora do samsara. Na realidade, o Buda veio a este mundo, ensinou o caminho para a liberação e, então, morreu. Uma vez que não podemos encontrá-lo agora, o que devemos fazer? Podemos contar com o Dharma que ele deixou como legado e praticar o máximo possível esse caminho para o despertar completo. O Dharma é o representante do Buda. Se colocarmos em prática o significado de suas palavras, é como se o Buda estivesse aqui e pudéssemos vê-lo e ouvi-lo ensinar. É por isso que o Dharma é tão importante.

A comunidade de praticantes (*sangha,* em sânscrito) é conhecida em tibetano como *guendun,* o que significa literalmente "aqueles que aspiram à virtude". No sentido mais estrito do termo, refere-se àqueles que residem nos níveis de bodhisattva. Em outro sentido, se refere ao agrupamento de no mínimo quatro monásticos, porque o Buda afirmou que, quando quatro estão reunidos, é como se ele em pessoa estivesse presente. Contudo, o termo também pode se referir aos nossos amigos do caminho. Amigos são importantes tanto no mundo comum quanto no mundo do Dharma. Ouvi que as pessoas criam fortes conexões nos campos de batalha e fazem amigos de guerra. Mas nosso objetivo é diferente.

Vida após vida, buscamos o nível do despertar completo, e nossos amigos são aqueles que compartilham nossos interesses, que estão envolvidos em questões profundas da vida da mesma forma que nós. No entanto, mesmo que nossos excelentes amigos residam nos níveis de bodhisattva, eles não nos beneficiarão se não soubermos como nos apoiar em nossos próprios pensamentos mais profundos. Mais adiante, mesmo se viermos a ter amigos negativos, por meio da nossa bondade e inteligência, podemos levá-los a desenvolver qualidades positivas sem sermos afetados por suas falhas.

Em nível último, nós somos o próprio refúgio. Isso significa que somos responsáveis por nos proteger e que ninguém mais pode fazer isso. Nós mesmos precisamos entender claramente o que adotar e o que abandonar e, de fato, fazer isso. Nesse ponto reside a verdadeira prática do Dharma: criar as causas e condições para a felicidade e para alcançar a sabedoria, a compaixão e a habilidade de ajudar os outros.

Dessa forma, analisamos e ampliamos nossa compreensão, cultivando interiormente as próprias maneiras de ser compassivo e sábio. Com o método e a sabedoria em harmonia, desenvolvemos a habilidade de trabalhar para o benefício tanto nosso quanto dos outros. Assim, por meio de nosso próprio esforço, podemos nos proteger e transcender o sofrimento. Conforme vimos, também dependemos do Buda, do Dharma e da Sangha. Mas, no fim, o despertar completo depende de nós, porque, em última análise, os responsáveis somos nós. Ao focar internamente a mente, observamos com cuidado, aprendendo o que descartar e o que nutrir. Esse entendimento é a raiz, a essência do refúgio.

Capítulo 11

O carma da felicidade e do sofrimento

— 8 —

O sofrimento dos reinos inferiores,
   tão intolerável,
Vem das ações negativas, assim o Buda
   ensinou.
Portanto, mesmo com nossa vida em
   risco,
Nunca cometer tais ações é a prática do
   bodhisattva.

Essa estrofe fala sobre carma, ou causa e efeito. Se fizermos uma ação positiva, seu resultado será positivo. Se a ação é nociva, o resultado será nocivo. Da mesma forma, todas as ações produzem resultados correspondentes porque o carma é ação e reação. Como a água que flui para baixo ou a fumaça que sobe, é algo natural e não podemos argumentar ou mudar seu funcionamento. Portanto, devemos descobrir quais são as causas benéficas e quais são as prejudiciais, e agir de acordo.

Os reinos inferiores são descritos existindo bem abaixo de nós ou longe da terra. Mas podemos encontrar versões menores desses reinos aqui, nesse próprio mundo, bem diante dos nossos olhos. Não é necessário olhar embaixo da terra ou em qualquer outro lugar, uma vez que a guerra e a fome acontecem agora, que é precisamente a descrição dos tormentos dos reinos inferiores. Toda essa dor e esse sofrimento advêm de situações terríveis, fato que sabemos pela mídia ou por experiência pessoal. Isso é um fato. Não é algo que estou dizendo para assustar as pessoas ou para alegar ser a verdade porque se encaixa com minha maneira de pensar. Carma, ou causa e efeito, é um processo natural que devemos entender profundamente.

Para o nosso próprio bem, devemos aprender o que provoca alegria ou dor e, então, colocarmos esse entendimento em prática. O motivo de praticar dessa forma não diz respeito apenas ao nosso próprio benefício futuro, mas também ao benefício das crianças e de todas as gerações após a nossa. Devemos fazer um grande esforço para não cometer algo que produza sofrimento e dor para nós e para os outros, tal como matar e guerrear.

Se nos abstivermos das ações negativas – por exemplo, as dez ações negativas ensinadas no budismo (matar, roubar, mentir e assim por diante) –, naturalmente criaremos um ambiente onde haverá mais felicidade e paz na vida individual, como também para os países e, por conseguinte, para o mundo todo.

– 9 –

*A felicidade nos três reinos é como
orvalho no capim –*

Sua natureza é evaporar em um instante.
Se esforçar pelo supremo estado de
   liberação,
Que nunca muda, é a prática do
   bodhisattva.

Compreender a impermanência de todos os fenômenos dos três reinos (o reino do desejo, o reino da forma e o reino sem forma) nos incita à liberação. É crucial entendermos que a liberação tem tudo a ver com a mente. Coisas externas – felicidade e sofrimento externos ou as condições que os trazem à tona – podem facilmente mudar. O corpo e as coisas externas são sempre limitados. Podemos, por exemplo, treinar um esporte, como salto a longa distância, e podemos ficar melhores e melhores, mas sempre existe uma barreira: não podemos ir além dos limites físicos do corpo. A mente, contudo, é livre de tais limitações e seu poder pode se desenvolver incessantemente. Se, ao tentarmos fazer essa vida melhor limitarmos o nosso progresso mental, isso seria muito triste e até mesmo deprimente. Nossa perspectiva e nossa visão devem ser ilimitadas para que a mente possa se desenvolver e atingir a liberação, que é vasta e incomensurável.

— 10 —

Desde tempos sem princípio, nossas mães
   cuidaram de nós;
Se elas sofrem, de que serve nossa própria
   felicidade?
Portanto, liberar incontáveis seres vivos

> *E engendrar a bodhichitta é a prática do bodhisattva.*

Às vezes, pensamos que, se tivéssemos muito dinheiro, estaríamos perfeitamente felizes. Mas todos sabem que esse não é o caso. Mesmo quando temos dinheiro, felicidade e satisfação não brotam tão facilmente. Uma vez assisti a um documentário sobre uma garotinha que precisava fazer uma transfusão de sangue, mas sua família não tinha o dinheiro necessário para pagar o procedimento. Então, todos os amigos da escola, que eram crianças pequenas, a ajudaram, vendendo seus brinquedos. Não importava o quão preciosos fossem – ursinhos, bonecas, bichinhos de pelúcia –, eles venderam o que tinham e deram todo o dinheiro à família da garotinha, para ajudá-la.

Ora, as crianças gostam muito de seus brinquedos. Cheguei a ouvir uma vez que, quando a casa de uma família estava desmoronando, a criança voltou correndo para pegar seu brinquedo favorito. Quando essas crianças do colégio sacrificaram seus próprios brinquedos para coletar o dinheiro para a amiga, isso não foi pouca coisa. Mesmo que materialmente o valor não tenha sido alto, para as crianças foi algo muito significativo... Enquanto assistia a esse filme, pensei que podia fazer uma doação. Mas, mesmo se fizesse, me sentiria envergonhado, pois ainda que doasse muitos milhões, comparada aos presentes que as crianças deram do fundo de seus corações com tanto amor e sacrifício, minha doação não significaria nada.

Essa estrofe enfatiza a importância de saber que a verdadeira satisfação não vem de uma vida fácil e com muito dinheiro. Atualmente, tenho uma vida razoavelmente confortável, e até paz mental, mas apenas isso não proporciona um grande contentamento. A real satisfação surge quando posso fazer algo que realmente ajude alguém, sem qualquer tipo de esperança de receber algo em troca, tal como fama ou uma boa reputação. A chance de dar às pessoas algo que realmente as beneficie, de fato, traz grande satisfação.

CAPÍTULO 12

Trocando o eu pelo outro

— 11 —

*Todo o sofrimento deriva de querer a
felicidade para si;
Budas perfeitos surgem da intenção
de beneficiar os demais.
Portanto, realmente trocar a própria
felicidade
Pelo sofrimento dos outros é a prática
do bodhisattva.*

Essa estrofe fala sobre trocar tudo o que temos de positivo por tudo o que os outros têm de não positivo. Por que é verdadeiro afirmar que todo o sofrimento do mundo advém do desejo da felicidade apenas para si? Se nos concentramos apenas em nosso próprio conforto e felicidade, nos tornamos autocentrados e arrogantes e, mais cedo ou mais tarde, isso levará ao sofrimento. Até aqui, isso é claro para todos.

Mas, ao afirmar que desejar a felicidade dos outros nos trará felicidade, o que queremos dizer com "outro"? Uma resposta óbvia seria: todos os seres vivos além de nós mesmos. Podemos também observar que é impossível que a vida siga adiante sem que ocorra o fluxo de dar e receber entre todas as formas vivas. A nossa própria respiração é um exemplo disso. O que expiramos é bom para outras formas de vida e, por sua vez, o que elas exalam é bom para nós. Existem inúmeras maneiras segundo as quais os seres vivos dependem uns dos outros. Sabemos disso intelectualmente, mas não compreendemos essa inter-relação de forma prática e enquanto vivência. Quando não vivemos de fato a vida sob essa percepção ampla de dar e receber, nossa prática se torna o oposto do que acreditamos. Vai, por exemplo, contra as ideias de interdependência e de beneficiar os demais seres. Além do mais, nossa contenção para dar nos impede de receber.

Podemos falar sobre a natureza igual entre nós e os outros, ou trocar a nós mesmos pelos outros, mas não compreendemos que isso ocorre no dia a dia. Achamos que é alguma coisa especial ou extraordinária; porém, isso ocorre em nossas vidas em uma base diária. Doamos alguma coisa e isso abre a possibilidade de receber: naturalmente, recebemos algo quando doamos. É assim que vivemos, seja no mundo dos negócios, na vida social ou em qualquer outro contexto. Dar e receber ocorre o tempo inteiro. Viver depende de doação: damos e, portanto, recebemos. Essa interdependência é natural; contudo, é necessário um esforço especial para treinar nossas mentes para reconhecer isso o suficiente, a ponto de haver uma compreensão firme e clara.

O prender-se em si bloqueia essa compreensão. Quando algo de bom acontece, podemos pensar:

"Isso está acontecendo por minha causa. Tudo por conta do meu talento e energia". Isso torna o "eu" muito importante. Não quer dizer que não devemos fazer algo por nós mesmos ou nos cuidar. É claro, devemos cuidar de nós mesmos, mas não de forma extrema – zelando apenas por nós e agregando muita importância para metas e desejos. Se pensarmos assim: "Eu sou a prioridade máxima. Eles estão muito abaixo na lista", isso é, de fato, um problema. Precisamos praticar deixando os outros virem em primeiro plano e ficarmos quietos, ao fundo.

A prática em si

A prática de meditação de dar e receber (*tonglen*) é uma maneira de reverter o apreço a si mesmo. A prática de dar e receber proporciona uma ênfase menor nos interesses próprios e dá prioridade maior aos interesses dos outros. Conforme meditamos, expiramos dando tudo que temos de positivo, e inspiramos tomando tudo de negativo dos outros para nós mesmos.

Para começar essa prática, podemos, por exemplo, visualizar outros que estão em situações difíceis ou colocar uma fotografia de pessoas doentes diante de nós. Uma forma comum de praticar o tonglen é tomar para si a doença, dor ou problema da pessoa que está em dificuldade. Por meio das duas narinas, inspiramos todos os aspectos negativos na forma de uma fumaça negra ou de uma mistura preta e sombria.

Alguns de nós podemos pensar que, ao tomar a dor do joelho de alguém, por exemplo, poderíamos praticamente sentir essa dor em nosso joelho. Se tomamos de alguém que está com dor de cabeça ou com um problema cerebral, sentiríamos um pouco de desconforto na cabeça. Muitas vezes isso é considerado uma prática autêntica de tonglen. Contudo, não é necessariamente a forma correta de praticar, uma vez que trocar a felicidade pelo sofrimento alheio não tem nada a ver com sentir dor ou desenvolver problemas físicos. Portanto, o ponto não é minar ou prejudicar o próprio bem-estar – isso não é genuinamente a prática de tonglen.

Podemos dizer que a verdadeira prática começa quando vemos nossa mente dividida em duas partes. Uma parte pensa: "Eu quero ser feliz e quero que os outros sejam felizes também". Essa é a parte razoável da nossa mente. Mas existe a outra parte, que pensa: "Eu sou o único. Apenas eu preciso de felicidade e bem-estar". Esse lado se resume a "eu", "meu" e "apenas eu". Essa é a parte de nossa mente que precisa ser trabalhada.

Existem muitas maneiras de fazer a visualização. Uma delas é imaginar uma vela como sendo os aspectos negativos da mente, tal como ser egocêntrica. Tudo o que é negativo, é absorvido pela chama. Praticando ao longo do tempo, esse estado de autoestima egoísta da mente diminui e, eventualmente, é eliminado. Esse processo não nos afetará de forma negativa; afetará apenas o egocentrismo, a forma equivocada de perceber a si mesmo. O "eu" egoísta que visualizamos como a vela foi criado pela imaginação; portanto, não estamos, de fato, nos prejudicando, porém, continuamos a trabalhar para reduzir a fixação no eu.

Ademais, de acordo com a lógica tradicional, esse autocentramento e o "eu" autônomo não existem de verdade, porque um "eu" só pode existir em relação a outra coisa – por exemplo, uma outra pessoa ou um objeto. Portanto, esse "eu" não é independente e unitário. É impossível um "eu" isolado existir de verdade; ele existe apenas na dependência de algo.

Por meio dessa prática de troca, vemos que o "eu" e o "outro" são iguais; o nosso interesse e os dos outros são iguais. Fazemos uma prece de aspiração intensa para que os demais recebam tudo de positivo que temos, seja lá o que for – vida longa, riquezas, poderes e assim por diante. Desejamos tudo isso para os outros e temos a sensação de que estão recebendo. Esse tipo de treino meditativo beneficia tanto a nós quanto aos outros. É importante compreender que não se trata das qualidades positivas, tais como longevidade ou a energia positiva, sendo transferidas como um objeto e dadas para os demais, e tampouco as qualidades se exaurem, uma vez que pertencem a quem verdadeiramente somos.

Desejar algo bom para os outros e fazer dedicações para o seu benefício advém de um desejo poderoso que é baseado em uma motivação positiva. É por isso que outros podem vir a receber alguma coisa enquanto não perdemos nada. De fato, existem muitos motivos para acreditar que os outros obtêm algum benefício disso e, por isso, o tonglen é uma prática muito importante. Contudo, a razão principal dessa prática é reduzir os nossos próprios interesses egoístas e aumentar a intenção de desejar bem aos demais. Esse é o verdadeiro foco da prática.

CAPÍTULO 13
Lidando com a adversidade

— 12 —

Caso movido por grande desejo alguém
*   roubar toda nossa riqueza*
Ou levar outro alguém a fazê-lo,
Dedicar o corpo, posses e todo mérito dos
*   três tempos*
A esta pessoa é a prática do bodhisattva.

Caso todos os nossos bens fossem roubados, certamente iríamos chamar a polícia. Não pensaríamos em nada mais. Porém, existe outra forma de lidar, como mostra uma história tibetana sobre roubo. Ela é oriunda de Lathok, meu lar, na região do Tibete Oriental.

Um homem de Lathok cruzava sua terra natal quando ladrões arremeteram contra ele e roubaram tudo o que tinha, incluindo o cavalo. Nada restou, apenas uma caneca revestida de prata e guardada no alforje interno. Quando os ladrões estavam prestes a ir embora, o homem pegou a caneca e disse: "Ladrões preciosos, por favor, levem isto também. Eu sei que nós, pessoas de

Lathok, estamos sempre viajando e vocês podem precisar de uma caneca na estrada." Ele entregou a caneca, apesar dela ter sido, inicialmente, deixada de lado.

A questão aqui é que, normalmente, achamos que possuímos as coisas. É verdade que são nossos bens, mas, no fim, eles irão para um lado ou para o outro. As coisas circulam; portanto, se agarrar a elas não faz sentido. Se dermos muita importância aos bens, e pessoas vierem nos roubar, poderemos lutar contra elas e, no processo, perder não apenas os bens como também a própria vida.

Devemos saber o que tem mais valor. Não devemos arriscar a vida por algo, como as coisas que acumulamos. Isso não é tão significativo quanto a vida em si. Os bens materiais são apenas relativamente importantes. O caso aqui é que, mesmo se perdermos bens, não devemos nos deixar afetar muito por isso – e devemos dedicar nossos bens às pessoas que os tenham levado. Essa é a prática do bodhisattva.

— 13 —

Mesmo que alguém decepe a nossa cabeça
Sem que tenhamos cometido o menor dos erros,
Tomar para si a negatividade
Com compaixão é a prática do bodhisattva.

Isso é extremamente difícil de fazer. Portanto, vamos deixar esta prática para seres muito realizados. Não há necessidade de explicá-la neste contexto.

— 14 —
Mesmo que alguém nos difame
em bilhões de mundos,
Em retorno, com uma mente repleta
*   de amor,*
Elogiar suas qualidades é a prática
*   do bodhisattva.*

Isso também é difícil. Ser insultado e difamado em bilhões de mundos, provavelmente, seria uma coisa com a qual teríamos muita dificuldade de lidar. Mesmo quando alguém, bem na nossa frente, diz coisas negativas sobre nós, nossa expressão muda e nosso rosto fica vermelho. Porém, se alguém disser algo ruim sobre nós enquanto não estivermos presentes, não iríamos ouvir e, assim, não nos aborreceríamos com as palavras. Portanto, é melhor não ouvir os insultos. Se não pudermos evitar, pois esfregam na nossa cara as ofensas, é melhor desviar o foco para outro lugar e não dar atenção ao que é dito. Se prestarmos atenção aos ofensores, podemos ficar com raiva e, uma vez que a raiva surge, é muito difícil subjugá-la. Portanto, a melhor coisa para iniciantes é evitar ouvir uma fala negativa sobre si. Caso ouçamos algo desagradável, podemos ignorar e nos concentrar em outra coisa.

— 15 —
Se diante de uma grande multidão alguém
*   disser palavras duras*
E expuser nossos defeitos ocultos,
Ver essa pessoa como um amigo espiritual
E reverenciá-la é a prática do bodhisattva.

Se uma pessoa é direta e diz algo verdadeiro que não gostamos de ouvir, provavelmente ficaremos bem chateados. Contudo, mais tarde, ao pensar a respeito e analisar honestamente nossa mente, percebemos que ele ou ela estavam realmente certos e que, de fato, erramos. Quando isso acontece, temos a oportunidade de rever nossa postura e mudar nossa forma de pensar. Não consideramos necessariamente essa pessoa como um professor, mas podemos aprender com ele ou ela e encontrar alguma instrução útil naquilo que foi dito.

— **16** —

Caso alguém que estimemos como nosso
próprio filho
Vier a nos enxergar como inimigo,
Assim como faz uma mãe cuja criança está
gravemente doente,
Amar essa pessoa ainda mais é a prática
do bodhisattva.

É muito difícil quando alguém em quem confiamos completamente se volta contra nós. É uma das coisas mais dolorosas que pode acontecer para qualquer um. Contudo, conforme discutimos antes, é sempre possível que de modo oculto, mesmo nas pessoas mais próximas, existam segredos ou sentimentos desconhecidos. Deve haver algum motivo que levou essa pessoa a mudar, alguma justificativa para a sua ação. Nós não sabemos, mas devemos buscar uma explicação, uma vez que suas ações são movidas por alguma razão.

— 17 —
Mesmo que pessoas inferiores ou semelhantes a nós
Movidas por orgulho nos rebaixem,
Com o mesmo respeito que temos por nosso professor,
Colocá-las acima de nossa cabeça é a prática do bodhisattva.

Isso não quer dizer que devemos suportar qualquer insulto, como uma vaca. Não importa o quanto sejam humilhadas, as vacas não podem responder ou fazer qualquer coisa, portanto, não reagem. Não precisamos ser tão passivos. O que essa estrofe quer dizer é que, quando insultados por alguém, não devemos reagir com raiva. Se formos sobrepujados pelas emoções negativas, ficamos desequilibrados e perdemos o controle, e isso não deve acontecer. É melhor estarmos estáveis e centrados para reagirmos bem, com base em quem realmente somos.

Algumas pessoas de natureza mais tranquila têm uma maneira de dizer "desculpa" de um jeito agradável, e outras pessoas usam uma forma mais direta de falar. Qualquer que seja nossa personalidade, não precisamos aguentar insultos sem fazer absolutamente nada. Podemos reagir a um insulto sem perder o equilíbrio ou deixar que as emoções negativas nos dominem. É claro que devemos respeitar os demais, mas antes de demonstrar por alguém o mesmo respeito que teríamos por um professor, devemos nos respeitar. Se não nos consideramos dignos, e nos menosprezamos, não conseguiremos valorizar e respeitar os outros. Portanto, começamos respeitando a nós mesmos e, então, seremos capazes de fazer o mesmo em relação aos outros.

— 18 —

Mesmo que assolado pela pobreza e
sempre desprezado,
Atormentado por grave doença e/ou
também espíritos malignos,
Não se desencorajar mas tomar para si as
ações negativas
E a desgraça de todos os seres é a prática
do bodhisattva.

Essa estrofe é sobre não se desencorajar, mesmo se somos muito pobres e não possuímos bens materiais; mesmo se as pessoas nos desprezam e estamos doentes; e mesmo se coisas horríveis acontecem conosco de uma só vez. Podemos abordar essas situações sabendo que praticantes do Dharma necessitam de experiências, mesmo quando são totalmente negativas, porque nos oferecem conhecimento. Pela experiência aprendemos o que fazer e o que não fazer, como também qual comportamento deve ser aprimorado na próxima ocorrência. O planejamento para o futuro é filtrado pela experiência adquirida.

Não importa em qual situação negativa estamos, precisamos ter uma visão de longo prazo e manter a esperança com uma aspiração, que pode ser um objetivo que buscamos ou um modo de ser que desejamos alcançar. A aspiração é como um espião de olho nas oportunidades. Antigamente, um espião sentava no alto de uma montanha e observava tudo o que acontecia. Olhar para a estrada em direção ao futuro e manter a esperança são como aquele espião. Quando surgir uma oportunidade que se encaixa em nosso plano, podemos nos valer da experiência para tirar proveito dela. Quando a experiência e a esperança se unem, seja qual for a situação que ocorra em nossas vidas, difícil, negativa ou trágica, podemos sempre nos recompor e começar novamente.

— 19 —

Embora famoso, reverenciado por multidões
E tão afluente quanto um deus da riqueza,
Ver os bens do samsara como desprovidos de essência
E permanecer livre da arrogância é a prática do bodhisattva.

Às vezes, nos tornamos arrogantes; portanto, eis aqui um exemplo do que podemos fazer. Imagine um grande oceano repleto de uma gama de coisas, com uma criança pequena brincando na beira d'água. Em um dia, a criança acha algumas pedras coloridas. Noutro dia, acha diferentes tipos de conchas. E em mais um dia, encontra algumas pedras preciosas. A criança se alegra com qualquer coisa que encontra – pedra, concha ou pedra preciosa. Ela fica muito excitada com todas essas descobertas. No entanto, a criança não acha que encontrou todas as riquezas de todo o oceano.

Esse é um bom exemplo, pois, embora possamos ter e saber bastante, não devemos pensar do seguinte modo: "Eu tenho tudo"; "Eu sei tudo". Obviamente, isso não é verdadeiro. Caso ao saber algo nos tornemos muito orgulhosos, ficamos arrogantes, e isso sempre fecha portas e bloqueia oportunidades. Além disso, mesmo quando sabemos algo e temos ciência de que sabemos, podemos descobrir que, ao discutir o assunto com outros, eles podem ter opiniões diferentes. Podem ter uma maneira incomum de descrever alguma coisa ou uma forma diferente de expor, e temos, então, a oportunidade de aprender com essas diferenças. Teremos, assim, uma experiência nova e iremos expandir nosso entendimento.

Embora o texto diga que não devemos ser arrogantes, isso não significa que temos que ser tímidos. Caso não saibamos detalhes sobre determinado assunto, podemos afirmar que não sabemos. E mais, fazer isso com confiança.

Capítulo 14
Domando a mente

— 20 —

*Sem subjugar o adversário, que é a sua
própria raiva,
Ao combater inimigos externos estes
apenas se multiplicarão.
Portanto, com um exército de amor
e compaixão,
Domar a própria mente é a prática
do bodhisattva.*

A raiva é o nosso verdadeiro inimigo. É um obstáculo que liquida as causas dos estados mais elevados de nascimento e a excelência suprema, que é a liberação. Se não a domarmos, os inimigos externos irão simplesmente se multiplicar. Aumentarão na mesma proporção que tentarmos derrotá-los. Eles podem representar um perigo às nossas vidas e à nossa habilidade de manter qualquer um dos três conjuntos de votos (liberação individual, bodhisattva e tântrico) que viermos a tomar.

Uma vez que nós mesmos fazemos dos outros um inimigo, eles podem se proliferar ilimitadamente. Ao criar tais projeções, nos engajamos em ações que são prejudiciais. Por quê? Porque não há um único ser vivo que não foi nossa mãe ou nosso pai, e, portanto, todos eles devem ser objeto de nossa compaixão. Por outro lado, não há sequer um ser vivo que não foi nosso inimigo. Dessa forma, todos os seres vivos são igualmente nossos amigos e inimigos. Portanto, ficar apegado a alguns e odiar outros não faz sentido. Com uma mente que enxerga essa paridade, devemos domar o inimigo, a nossa própria raiva, com um grande exército de compaixão. Essa é a prática do verdadeiro bodhisattva.

— **21** —

Objetos do desejo são como água salgada:
Quanto mais se desfruta deles, maior é a sede.
Abandonar imediatamente tudo
Que provoca apego é a prática do bodhisattva.

Objetos prazerosos são normalmente enumerados em cinco diferentes categorias: formas atraentes, sons agradáveis, cheiros perfumados, gostos deliciosos e objetos agradáveis ao toque. Como a água salgada, eles não podem satisfazer os desejos. À medida que desfrutamos desses objetos, na mesma proporção seremos atormentados pelo nosso desejo. Não ficamos apenas insatisfeitos, mas o desejo aumenta. Por exemplo, se alguém com sede bebe água salgada, a sede não será saciada e, posteriormente, beberá uma quantidade ainda maior. É assim que o apego se alastra.

O verso continua: "*Abandonar imediatamente tudo que provoca apego...*". Abandonar o apego ao desfrute dos objetos agradáveis pode ser ilustrado com o seguinte exemplo: conforme avançamos ao longo do dia, vivenciamos uma variedade de objetos com os quais nossos sentidos se engajam. Se, quando focados em um deles, nos sentimos apegados, devemos rapidamente abandoná-lo. Por quê? Porque eliminar qualquer objeto que provoca o surgimento de aflições é uma maneira eficiente de suprimir essas emoções negativas. Segundo minha própria experiência, por exemplo, quando recebo algo que aprecio muito, imediatamente tento dar para alguém. Agarrar aquilo que desejamos intensamente apenas trará problemas.

— 22 —

As coisas conforme aparecem são a sua
  própria mente;
A mente em si é sempre livre de
  fabricações.
Sabendo disso, não se envolver nas
  características
De um sujeito ou objeto é a prática
  do bodhisattva.

Se buscássemos, com um raciocínio válido, pela natureza inerente de toda gama de fenômenos que nos aparecem como objetos na experiência sensorial, não encontraríamos nem mesmo um que tenha uma essência própria. Isso se dá porque esses objetos são todos imputados pela mente conceitual, ou, seguindo a primeira linha do verso, podemos dizer que esses objetos são somente uma aparência da mente. E a mente em si, a verdadeira natureza da mente, é *"sempre livre de fabricações"*. Analisando com o raciocínio do Abhidharma ou do Mahayana, descobriremos que é impossível estabelecer a essência de qualquer fenômeno por meio de algum tipo de construção ou fabricação mental. Isso é comumente resumido naquilo que chamamos de "os quatro extremos": surgir de si mesmo, surgir de alguma outra coisa, surgir de uma combinação dos dois, ou surgir de nenhum deles.

Ao analisarmos, veremos como nos agarramos aos atributos, ou características, de sujeito e objeto. Com o passar do tempo, percebemos que o objeto externo apreendido e a mente interna que apreende são o resultado de padrões habituais que se atêm ao fenômeno como real. Se pudermos pôr um fim na atividade mental, ou conceitualização, resultante desses padrões habituais, vamos conseguir descansar na concentração meditativa com o foco unidirecionado na realidade em si. Essa é a prática profunda do bodhisattva.

— 23 —

Ao encontrar um objeto aprazível,
Veja-o como um arco-íris de verão –
Uma bela aparição, porém, sem realidade.
Abandonar o apego é a prática do
  bodhisattva.

Quando uma forma bela e agradável é vivenciada por indivíduos comuns, desponta para cada um de forma distinta. Além do mais, o que é aprazível e o que não é surge em conexão mútua: não é possível que surjam separadamente. Quando um objeto desejável aparece conjuntamente com suas características e padrões habituais, surge o perigo de nos apegarmos a ele; criamos, então, um estado mental convicto de algo que não é verdadeiro e pensamos que o objeto é real. Para refrear essa tendência, devemos perceber que, assim como o arco-íris que aparece durante o verão, esses objetos surgidos não têm essência.

Quando falamos do arco-íris de verão, quase todos saberão que é como uma ilusão e não é verdadeiramente existente. Conforme vimos ao examinar a originação interdependente, quando algo agradável aparece na mente, o desagradável não está muito longe. Contudo, especialmente quando algo atraente surge, dirigimos a isso pensamentos poderosos e tomamos um fenômeno ilusório como real. Portanto, bodhisattvas praticam abandonar o apego.

— **24** —

Todo o sofrimento é comparável à morte
de um filho no sonho;
Tomar essas aparências ilusórias como
reais, quão exaustivo!
Portanto, ao lidar com situações difíceis,
Vê-las como ilusões é a prática do
bodhisattva.

Há momentos em que estamos tão absorvidos por um objeto aprazível que, se algo desagradável acontece, não experimentamos incômodo ou qualquer sensação negativa. Contudo, o mais comum, devido aos padrões habituais, é que raiva ou outra emoção negativa surja, e então precisamos contar com uma gama de antídotos. Pelo simples fato de estarmos vivos, experimentaremos sofrimento, tal como não conseguir o que queremos e receber aquilo que não desejamos. Quando nos deparamos com o sofrimento, precisamos nos orientar de maneira direta e útil. Em suma, quando o sofrimento surge, ele é tão ilusório quanto seria nosso amado filho morrer em um sonho. Desde tempos imemoriais, padrões habituais que assumem que as coisas são reais emergem em nossa mente, e essas aparências confusas surgem sem cessar. Uma vez que todas as aparências com as quais nos deparamos são dessa forma, o potencial para o sofrimento é ilimitado.

É esse apego às coisas que cria um fluxo contínuo de sofrimento, que, no entanto, não é necessário. Surge devido ao fato de que, embora percebamos as aparências separadamente, essas percepções acontecem tão rápido que parecem estar unidas em um único fluxo, e assumimos isso como verdadeiramente existente. Contudo, se nos voltarmos para observar a partir da perspectiva da própria aparência, podemos ver que ela não é, de fato, fundamentada; não é nem estável nem duradoura. Portanto, quando a mente se estende e agarra as coisas como sendo reais, somos nós mesmos que estamos criando as condições para o próprio sofrimento. Por todos esses motivos válidos, ver todas as aparências como ilusão, não as aceitando como reais, é a prática do bodhisattva.

CAPÍTULO 15
As seis perfeições

— 25 —

Se aqueles que aspiram à iluminação
doam até seus próprios corpos,
Qual a necessidade de se mencionar
os objetos externos?
Portanto, sem a expectativa por recompensa ou por um resultado positivo,
Ser generoso é a prática do bodhisattva.

As próximas estrofes descrevem as seis perfeições, ou seis paramitas, sendo a primeira delas a generosidade. Muitas religiões e linhagens espirituais concordam sobre a importância da doação, uma vez que se pode ver o benefício direto sobre os outros. Para o budismo, em particular, ser generoso é importante, pois contra-ataca diretamente nossos apegos.

Quando ajudamos os demais, devemos fazer isso com uma inteligência capaz de analisar a situação. A verdadeira generosidade requer alguma sabedoria – uma compreensão clara sobre nós que estamos doando, o que estamos doando, e para quem o fazemos. Se doarmos com inteligência, então, a generosidade beneficia ambos, a nós mesmos e aos outros. Não devemos dar somente por dar ou por um velho hábito. Ademais, no processo de doar, não devemos nos distrair, pois perder o foco diminui o alcance e o efeito da atividade. Quando somos sábios e generosos, nossa doação beneficia os outros e também nos ajuda a aprofundar nossa prática, conforme avançamos ao longo do caminho.

— 26 —

Se carecendo de disciplina não é possível
nem mesmo ajudar a si próprio,
Desejar beneficiar os outros é apenas uma
piada.
Portanto, manter a disciplina
Livre do desejo pelo samsara é a prática
do bodhisattva.

Quando mal compreendidas, as perfeições podem ter um lado sombrio, que é metaforicamente chamado de um "demônio". O lado negativo da perfeição da disciplina é chamado de "o demônio da austeridade" – considerando a disciplina como uma dificuldade e fazendo dela uma luta. Praticada corretamente, porém, a disciplina é aceita de forma alegre e com um entendimento claro do motivo pelo qual é bom se empenhar. Por exemplo, muitas pessoas hoje em dia deixam de comer carne. Por que faríamos isso? Não devemos nos tornar vegetarianos apenas porque alguém falou, ou porque o Buda ensinou que não devemos comer carne, ou porque é o costume de onde vivemos, ou porque deixar de comer carne nos trará boa reputação. Se deixarmos de comer carne por esses motivos, pode ser melhor nem mesmo fazê-lo, uma vez que a decisão não tem uma motivação sincera.

No princípio, sentimos certa inclinação por não comer carne. Podemos, então, nos perguntar, por exemplo, quais são os verdadeiros benefícios disso. Depois de uma minuciosa reflexão, no asseguramos que é a coisa certa a se fazer. A resposta tem que vir de dentro, inspirada por uma convicção verdadeira, para que, quando deixarmos de comer carne, isso não se torne uma dificuldade ou uma luta, mas algo que fazemos com alegria e inteligência. É o mesmo para qualquer disciplina do Vinaya, do Mahayana ou do Vajrayana. Qualquer coisa que viermos a abandonar ou a adotar, devemos primeiro identificar uma conexão da ação com a prática e, então, ter muito claro o porquê de estarmos tomando tal decisão. Ao agirmos dessa forma, nossa disciplina se torna muito inspiradora.

— 27 —

Para o bodisattva que aspira à abundância de virtude,
Qualquer coisa que o prejudique é um tesouro repleto de joias.
Portanto, nunca ficar agressivo ou zangado e
Ser paciente é a prática do bodhisattva.

A terceira perfeição é a paciência, que também tem um obstáculo chamado de "o demônio do esforço excessivo" ou "da tolerância excessiva". A paciência, assim como a generosidade e a disciplina, não deve ser muito extrema, mas deve surgir espontaneamente do entendimento. Quando temos amor e compaixão, naturalmente entendemos por que ocorrem as aflições e não precisamos lutar para ser pacientes.

Por exemplo, quando doentes, algumas pessoas lutam contra a enfermidade e se recusam a tomar qualquer medicamento. Isso é a tolerância excessiva. De forma geral, não devemos ter que suportar tudo, ou fazer tudo o que qualquer um pedir. Aturar demais tem o lado negativo de dar oportunidade para os outros fazerem coisas negativas. Podemos também ser pacientes demais com nossas próprias aflições. Tolerância excessiva é também um problema, pois devemos saber claramente o porquê das nossas ações, e não apenas desempenhá-las cegamente sem reflexão, especialmente no que diz respeito a algo que consideramos questionável. Caso contrário, se sem motivo algum uma pessoa nos dissesse para comer algo repugnante, o faríamos sem pensar. Pode não ser fácil, mas podemos dizer prontamente: "Eu não vou fazer isso". O que não configuraria um problema, mas, sim, a maneira correta de praticar a paciência. Deve ser uma reação que brota do fundo do nosso ser.

— 28 —

Se Ouvintes e Realizadores Solitários,
   pensando apenas no próprio benefício,
Praticam a diligência como se suas
   cabeças estivessem pegando fogo,
Desenvolver a diligência, a fonte de todas
   as qualidades

Que beneficiam todos os seres, é a prática do bodhisattva.

O demônio da diligência é o esforço excessivo ou forçar além dos limites. Isso é um problema, uma vez que a verdadeira diligência significa alegrar-se em fazer coisas positivas. Quaisquer práticas que formos fazer devem ser feitas de forma espontânea e natural. Essencialmente, a prática da meditação é adentrar na natureza da quididade*. Não é nos flagelando ou nos forçando a fazer algo. Não há necessidade de se impor pressão e pensar: "Eu não quero fazer isso, mas tenho que fazer". Deveria ser uma reação natural, como se sua cabeça estivesse pegando fogo. (Esse exemplo no verso se refere aos praticantes do Veículo da Fundação, considerados possuidores de um objetivo mais limitado, de libertar apenas a si mesmos do samsara). Se o nosso cabelo pegar fogo, não diríamos: "Provavelmente, devo me livrar desse fogo, mas eu não quero". Nem deixamos por conta da nossa mente, ou consultamos professores, pesquisamos e enviamos uma afluência de cartas. Sem pensar, nos lançamos imediatamente para extinguir o fogo, sem esforço. A verdadeira diligência acontece com um interesse vívido e uma alegre espontaneidade. Fazemos algo porque vemos claramente que é importante e essencial.

---

* Quididade é a palavra escolhida para traduzir o termo *suchness*, no lugar do neologismo *talidade*, usado em outras traduções budistas. Quididade é um termo da filosofia que significa "qualidade que torna uma coisa o que ela é" (Sacconi).

Há um tempo, a BBC transmitiu um programa sobre nascimento, velhice, doença e morte. Ao assistir a esse programa, vi muitas pessoas que sofriam e pensei o quanto elas poderiam ser ajudadas pelo Dharma se pudessem realmente compreendê-lo. Quando vejo milhões de pessoas sofrendo, me sinto completamente energizado a fazer alguma coisa a respeito. Não é uma luta ou uma questão de me obrigar a fazer algo que não quero. A diligência trata da nossa motivação: nos sentimos totalmente absorvidos e alegres por querermos fazer alguma coisa.

Há muito a se dizer, mas o tempo voa. É como o poeta que estava inspirado e escrevia furiosamente. Ele tinha que parar para almoçar, mas estava tão imerso na poesia que continuou a escrever enquanto comia seu pão. Depois, percebeu que mergulhava o pão na tinta.

– 29 –

*Sabendo que a visão profunda plenamente
dotada de calma mental
Vence por completo todas as aflições,
Cultivar uma concentração que transcende
Os quatro estados sem forma é a prática
do bodhisattva.*

Meditação, a quinta perfeição, tem um demônio chamado "apego à experiência". Não é fácil compreender completamente a experiência meditativa. Os versos se referem aos estados sem forma da meditação, que são categorizados da seguinte maneira: espaço ilimitado, consciência ilimitada, absolutamente nada, e nem existência nem inexistência. Muito foi escrito sobre isso, mas essas ponderações fogem ao nosso foco, no momento. O que precisamos saber agora é que, quando meditamos, todo o tipo de experiência vai surgir, tanto boa quanto não tão boa. Essas experiências, contudo, não são importantes. O ponto principal é: em que grau a meditação serve como antídoto para as nossas aflições? Quantos obscurecimentos e quantas aflições foram subjugados ou dissipados? Esse é o verdadeiro teste da meditação, e não qual experiência maravilhosa ou especial possa haver. Na verdade, se nos apegarmos a essas experiências, isso vai se configurar como um problema.

— 30 —

Sem a sabedoria, as cinco perfeições
Não podem trazer à tona o despertar
   completo.
Cultivar a sabedoria dotada de meios
   hábeis
E livre de conceitos nos três domínios
   é a prática do bodhisattva.

A sabedoria é a sexta perfeição e seu lado obscuro é o obstáculo chamado "o demônio que incrementa o veneno". Este obstáculo é muito sério, até monstruoso, como uma gigantesca fera de nove cabeças. Ele surge após estudar, refletir e analisar, quando atingimos certo entendimento conceitual e as aflições não estão muito ativas. Encontramos algo de que a mente conceitual pode se apoderar e, com isso, ficar orgulhosa. Uma forma de como a mente faz isso é por meio dos "conceitos nos três domínios", que se relacionam aos três aspectos de qualquer atividade: um sujeito, um objeto e uma ação.

Quando a mente conceitualiza dessa forma, de uma maneira muito sólida e concreta, nossa visão se torna extrema. Estamos convencidos de que encontramos a maneira "correta" e ficamos orgulhosos disso. Esse processo se assemelha ao desenvolvimento das visões rígidas nas pessoas capturadas pela vida mundana. Hoje em dia, essas posições obstinadas são um grande problema. E elas também contradizem o progresso como é compreendido no Dharma: conforme avançamos ao longo do caminho, as visões inferiores são gradualmente ultrapassadas pelas superiores, até que, finalmente, não haja nenhuma visão, nada a se apoderar. Portanto, não devemos ir a um extremo e nos fixar em uma posição como a verdade. A nossa visão de como as coisas são não é algo para se agarrar com punho cerrado.

Podemos pensar: "Eu sou budista, e o meu budismo é o melhor. Eu posso menosprezar os outros". Quando a inteligência toma essa forma, em vez de reduzir a aversão e o apego, ela os incrementa. Não devemos nos relacionar com os outros pensando que eles estão numa posição inferior, e nós, numa posição superior: ao contrário, devemos focar em desenvolver a sabedoria por meio da escuta, da reflexão e da meditação. Se isso causa o aumento das aflições, a sabedoria vira um demônio. Quando nossa visão ou prática fere os outros, elas vão contra os ensinamentos budistas, pois sua própria base é valorizar de coração todos os seres vivos. Desenvolver sabedoria por meio da escuta, da reflexão e da meditação é central no budismo. No entanto, o mais importante são os seres sencientes.

CAPÍTULO 16
Evitando as armadilhas

— 31 —

*Sem examinar a própria confusão,
é possível mascarar-se
De praticante sem estar em harmonia
com o Dharma.
Portanto, analisar continuamente a nossa
confusão
E descartá-la, é a prática do bodhisattva.*

Essa estrofe se dirige àqueles de nós que se denominam praticantes do Dharma. Qual é a definição de prática? Domar a mente. Aqueles de nós que supostamente praticam o Dharma devem se analisar cuidadosamente – corpo, fala e mente – e ter plena atenção ao que fazem. Caso contrário, é bem possível que, embora assumindo a forma de um praticante, não estejamos, de fato, praticando o Dharma.

Contudo, olhar atentamente, procurando por nossas próprias falhas, não significa que temos que nos menosprezar e nos sentir piores que os outros. Não precisamos nos atirar dentro do rio. Isso é muito extremo. Significa que praticar o Dharma é como aprender a dançar. Quando estamos aprendendo a movimentar nossos braços e pernas, podemos praticar em um cômodo cheio de espelhos. Ao observar o nosso reflexo diretamente, percebemos como estamos nos saindo mesmo antes de alguém nos dizer o que está errado. Todos têm defeitos – isso é natural e nada surpreendente. Nós também sabemos como melhorar, porque temos conhecimento, ou podemos aprender sobre o que corrigir e mudar. Ademais, percebemos que o fazemos para o nosso próprio benefício. Portanto, se encontramos alguns defeitos e falhas que precisamos mudar, não há nada de errado com a gente; essas são apenas as coisas com as quais precisamos trabalhar. É isso que significa "domar a própria mente".

Podemos, então, perguntar: "Como eu analiso a minha própria confusão?" Dentre as muitas diferentes maneiras de investigação que existem, há uma que fazemos o tempo todo: estamos sempre procurando defeitos nos outros – quais problemas eles têm ou o que está errado com os seus pensamentos e ações. A mente está direcionada para fora julgando os outros e não para dentro, para ver o que nós mesmos estamos fazendo de errado ou quais problemas possamos ter. Nesse caso, tudo é o inverso. Pelas razões erradas, pensamos que os outros são mais importantes e, adicionalmente, não nos consideramos ser o centro da questão quando deveríamos fazê-lo. Devíamos olhar internamente para nós mesmos para ver o que abandonar e o que mudar. Se não tentarmos fazer isso, nos aprimorar será um sonho distante.

O mais importante é ter atenção plena do que se revela em nós. Por exemplo, quando não queremos que algo ruim nos aconteça, somos muito cautelosos em tudo que fazemos. Temos cuidado para evitar até uma pequena espetada que seja. Da mesma forma, ao trabalhar com a mente, devemos estar alertas e conscienciosos, examinando cuidadosamente nossas ações. Gradualmente, chegaremos a um entendimento de como somos e de quem somos e, com esse conhecimento como base, podemos olhar para dentro e ver o que está confuso ou equivocado e o que não está.

Uma maneira simples de nos analisar é olhar para nossas fotos ou vídeos que mostrem como falamos ou nos comportamos. Às vezes, antes de assistir a um vídeo de uma fala minha, achava que havia dito algo muito significativo. Mas depois, ao ver o filme de fato, me envergonhava com o que aparecia, pois não era exatamente o que imaginara. Quando nos olhamos assim, podemos encontrar coisas que precisam de melhoria. Em suma, quer estejamos olhando internamente para a mente ou externamente para um reflexo, devemos nos observar com atenção clara.

— 32 —

Se as aflições nos impelem a culpar outros bodhisattvas,
Você mesmo será enfraquecido.
Portanto, não mencionar os defeitos daqueles
Que entraram no caminho Mahayana é a prática do bodhisattva.

Essa instrução não é limitada aos bodhisattvas. Não devemos falar coisas negativas de ninguém, sejam bodhisattvas ou não. Não é o caso, contudo, se sabemos que, ao apontar a falha de alguém, isso vai ajudá-lo a mudar. Falando de forma geral, uma vez que não é fácil mudar outra pessoa, devemos evitar o criticismo. Os outros não gostam de ouvir e, adicionalmente, expor suas falhas criará problemas e dificuldades para nós. Nós, que supostamente devíamos praticar o Dharma, devemos tentar fazer qualquer coisa que traga felicidade para nós mesmos e para os outros. Uma vez que procurar falhas não traz nenhum benefício, devemos cautelosamente evitar isso.

No meu próprio caso, as pessoas me dizem coisas negativas sobre os outros e descrevem vários defeitos. De certa forma, isso é normal e não é surpreendente. Contudo, enumerar defeitos não é um meio eficiente para promover mudança. Mesmo se apontamos os defeitos de alguém o tempo todo, raramente a pessoa mudará ou terá qualquer melhoria. Se realmente queremos ajudar alguém, talvez possamos dizer alguma coisa, uma vez ou outra, de forma agradável para que a pessoa possa prontamente compreender – "Ah, sim, isso é algo que preciso mudar". Contudo, é melhor não repetir nossos comentários porque, se continuamos mencionando defeitos, isso realmente não ajudará e perturbará o outro, sem produzir nenhum efeito positivo. Portanto, não mencionar os defeitos alheios é a prática do bodhisattva.

— **33** —

Conflitos surgem do desejo por honra
e ganho;

> As atividades de ouvir, refletir e meditar
> declinam.
> Portanto, abandonar o apego às casas
> De amigos, parentes e patrocinadores
> é a prática do bodhisattva.

Para praticar, o que realmente precisamos fazer é estudar, refletir e meditar. Contudo, hoje em dia, é comum no Oriente e no Ocidente que o desejo por honra e proveitos crie problemas. Imitações de monges, lamas de araque, falsos tulkus e falsos deuses aparecem e, por causa disso, é difícil encontrar o tipo correto de estudo, reflexão e meditação. É muito importante para todo mundo ser cuidadoso sobre isso e tentar enxergar com clareza o que é genuíno e o que é falso. Se alguém diz: "Eu sou um lama", "Eu sou um tulku", "Eu sou um deus", não temos que seguir essa pessoa imediatamente. Primeiro, investigue para ver se é um professor genuíno ou não, e se devemos criar uma conexão com ele. É importante usar nossas faculdades críticas junto com o abandono dos apegos.

— 34 —

> Palavras duras afligem a mente alheia
> E enfraquecem a conduta do bodhisattva.
> Portanto, abandonar a fala grosseira
> Que não agrada aos outros é a prática
> do bodhisattva.

Esta instrução é parecida com a que foi dita na estrofe 32. Às vezes, palavras duras devem ser ditas para ajudar alguém, mas geralmente quando falamos grosseiramente é porque estamos com raiva, e isso não ajuda. É difícil dizer palavras duras com amor e compaixão. Nessas situações, podemos nos tomar como exemplo. Colocamo-nos no lugar do outro e perguntamos: "Se alguém dissesse essas palavras para mim dessa forma, como eu me sentiria?" Quando pensamos verdadeiramente nos outros, encontraremos partes deles que se assemelham a nós, porque cada um de nós experimenta prazer e dor. Antes de agir ou falar, pensar nos demais como semelhantes é muito útil.

— 35 —

Uma vez que se tornam um hábito,
as aflições resistem aos remédios.
Com atenção alerta, o ser nobre agarra
a arma do antídoto
E mata com um único golpe o seu inimigo
toda a aflição,
O desejo excessivo e todas as outras,
tal é a prática do bodhisattva.

Em geral, pode ser fácil ler estes versos, mas não é tão fácil seguir suas instruções. Cortar as aflições é difícil, especialmente quando aparecem, porque estamos muito habituados a elas. O que podemos fazer é reconhecer que a raiva está prestes a surgir e agir. Podemos usar um método ou um remédio que impedirá a raiva de se tornar uma emoção negativa completa.

Uma forma que descobri ser eficaz é relembrar um lama em particular, em quem confio e de quem gosto, e cuja fala seja agradável. Um lama pode, por exemplo, ter me ensinado porque a raiva ou a aversão prejudicam a prática e quais são seus efeitos negativos. E eu evoco o conselho desse lama: "Não seja influenciado pelas aflições. Tenha cuidado!"

Quando percebo que a raiva está prestes a surgir, me lembro do lama e de sua instrução. Quando faço isso, a lembrança me ajuda a não ser sobrepujado pela emoção negativa. Minha proximidade com aquele lama e meu respeito por ele me fazem pensar: "Isso não é certo. Vai contra as palavras do meu lama." Outra forma de fazer uso desse método é nos lembrarmos de um livro de que realmente gostemos – cujo conteúdo trate de aflições – e trazer à mente essas passagens. Então, como um som que se torna cada vez mais alto, quando sentimos que uma aflição está prestes a surgir, podemos abaixar o volume antes que se manifeste por completo. Isso também pode ser útil.

CAPÍTULO 17
Pontos principais e dedicação

— 36 —

*Em suma, em qualquer lugar que estivermos e o que quer que façamos,
Enquanto nos mantivermos continuamente com plena atenção e alertas
Ao estado de nossa mente,
Beneficiar os outros é a prática do bodhisattva.*

Quando falamos sobre examinar nossas ações, não significa que temos que nos analisar sem parar, vinte e quatro horas por dia. Podemos ser mais suaves. Por exemplo, ao assistir a um filme muito longo ou ao trabalhar no computador, é dito para não olharmos continuamente para a tela. Depois de um tempo, será bom para os olhos nos levantarmos e olharmos um pouco à nossa volta, para a vegetação, por exemplo. Damos uma pausa para os nossos olhos. De forma semelhante, embora devêssemos analisar a mente cuidadosamente, depois de um tempo é possível que precisemos de uma pausa, caso contrário ficaremos muito cansados. Cuidar de si mesmo significa que devemos nos importar conosco. Da mesma forma que cuidamos do corpo, também devemos cuidar da nossa mente. A mente é fundamental e, normalmente, somos muito afeiçoados a ela; portanto, devemos cuidar bem dela.

Quando somos aconselhados a beneficiar os demais, podemos até querer fazer algo por eles, mas isso fica difícil se não sabemos o que fazer. Pode até parecer que não há nada que possa ser feito. Conforme circulamos pela vida, as pessoas parecem estar isoladas, ocupando seu próprio espaço, ou talvez pareçam muito solenes. Queremos apenas dar a elas algo agradável ou útil, mas isso não parece ser a coisa apropriada a fazer. Há, então, momentos em que nos sentimos frustrados, porque não há como evitar esse sentimento de inadequação. Quando isso acontece, o que podemos fazer é uma pequena ação, como coletar um lixinho e colocá-lo no lugar onde pertence. Mesmo se fizermos isso e nada mais, podemos dizer: "Fiz algo bom". Não é grande coisa, mas é um começo.

É exatamente assim a forma como deveríamos acumular mérito. Não podemos fazer algo grande de uma só vez. Podemos até querer, mas isso é muito difícil. É devido a isso que se diz que acumulamos mérito de grão em grão – bem dessa forma, pouco a pouco. Nós realizamos algo pequeno que faz nossa mente feliz e, então, sentimos que podemos fazer um pouco mais. Desse modo, aos poucos, coisas positivas que nós fazemos se acumularão com o tempo.

— **37** —
Dissipar o sofrimento de ilimitados seres
Com uma sabedoria que não é maculada
*   pelos conceitos dos três domínios,*
Dedicar para o completo despertar todo
*   o mérito*
Ganho por este esforço é a prática do
*   bodhisattva.*

Essa dedicação é a última das trinta e sete práticas do bodhisattva. É excelente, pois junta todo o mérito acumulado por essas práticas e o dedica a todos os seres vivos ao redor de todo o espaço para que possam obter felicidade e serem livres do sofrimento.

— **c** —

Acompanhando o significado dos sutras
*   e tratados*
E também dos ensinamentos dos mestres
*   genuínos,*
Compus estes trinta e setes versos da
*   prática do bodhisattva*
Para o benefício daqueles que treinarão
*   neste caminho.*

Esses trinta e sete versos entrelaçam os pontos principais da prática com as explicações de seus significados. São direcionados àqueles no caminho do bodhisattva para praticar e amalgamar à sua experiência. O texto é baseado em várias fontes que proveem a base para o treinamento de um bodhisattva: práticas encontradas nos sutras do Hinayana e do Mahayana, ensinadas pelo nosso guia, o Buda perfeito; nos quatro tantras do Vajrayana; e em todos os tratados que elucidam os sistemas ensinados nesses textos. Também conectadas com a prática dos bodhisattvas são as instruções orais de mestres genuínos precedentes e o conselho de amigos espirituais. Todos foram arranjados em trinta e sete versos para o bem daqueles afortunados que desejam estudar e se engajar no treinamento do bodhisattva.

— d —

*Uma vez que minha inteligência é limitada
e pouco treinada,
A maestria deste texto não agradará aos
eruditos.
Porém, baseando-se nos sutras e ensinamentos de mestres genuínos,
Estas práticas, eu acredito, não contêm
erros.*

O autor, Thogme Zangpo, clama que sua sabedoria é inferior e sua prática produziu poucas qualidades positivas. Uma vez que esses versos não são como os principais tratados fundamentados em lógica advindos da Índia e do Tibete, o texto não possui a maestria perfeita que costura as palavras a seu significado, como é do gosto dos especialistas. Não obstante, o significado desses versos e dos estágios da prática é apresentado da mesma forma que se encontra nos sutras, nos tantras e nos tratados. As explicações são dadas seguindo textos e instruções orais transmitidas pelo Buda até o lama-raiz de Thogme Zangpo; ele não adicionou nada por sua conta. Portanto, ele acredita que estas práticas do bodhisattva são confiáveis e inequívocas.

— e —

Para um intelecto inferior como o meu,
   é difícil
Mensurar a vasta atividade de um
   bodhisattva.
Portanto, eu rogo para que os mestres
   genuínos tolerem
Todos os erros aqui presentes, as contradições, inconsistências e assim por diante.

A vasta atividade de um bodhisattva é tão profunda que é difícil de compreender e, portanto, pertence ao reino vivenciado por bodhisattvas avançados. Para aqueles de nós com intelecto inferior, tal como o autor diz sobre si mesmo, é bem impossível de mensurar. Alegando não ser um especialista, Thogme Zangpo observa que seu texto pode conter erros, tais como contradições ou falta de coerência. Reconhecendo essas falhas, ele confessa seus erros na presença dos bodhisattvas e daqueles com o olho da sabedoria do Dharma, suplicando a eles que tenham paciência.

— f —

Pela virtude advinda destes versos,
Através da bodhichitta absoluta e relativa,
Possam todos os seres se tornar iguais ao
   Protetor Tchenrezig,
Que não reside em nenhum extremo
   de existência ou paz.

Com este verso, o bodhisattva Nhültchu Thogme Zangpo encerra seu tratado sobre as práticas do bodhisattva expostas na forma dos trinta e sete versos, que são de fácil compreensão. Toda a virtude completamente pura, seja grande ou pequena, que surgiu da composição deste texto, ele dedica para que todos os seres sencientes, iguais em número à extensão do espaço, possam, por meio do poder da grande compaixão, não permanecer no extremo da paz e, por intermédio do poder da grande sabedoria, não permanecer no extremo da existência. Ele roga para que, livres dessa maneira das delusões do nirvana e do samsara, todos os seres sencientes se tornem como Tchenrezig, que não reside em nenhum desses extremos. Com essa aspiração abrangente, Thogme Zangpo conclui seu texto sobre as práticas do bodhisattva.

OS VERSOS

As trinta e sete práticas do bodhisattva
por Nhültchu Thogme Zangpo

— **a** —

Namo Lokeshvaraya

*Vendo que todos os fenômenos nem vêm e nem vão
Todavia, buscando apenas beneficiar os seres vivos,
Ao mestre supremo e protetor Tcherenzig
Eu presto incessante homenagem com corpo, palavra e mente.*

— **b** —

*Os Budas perfeitos, fonte de todo benefício e felicidade,
Surgem da realização do Dharma genuíno;
Uma vez que isso depende de saber como praticar,
As práticas do bodhisattva serão explicadas.*

As trinta e sete práticas do bodhisattva

— 1 —

*Agora que possuímos um receptáculo
    dotado de liberdade e recursos
tão difícil de encontrar,
Que possamos conduzir a nós e outros
    além do oceano do samsara.
Sem pausa, durante noite e dia
Ouvir, refletir e meditar é a prática
    do bodhisattva.*

— 2 —

*O apego aos amigos agita como a água;
A aversão aos inimigos queima como o
    fogo.
Obscurecido pela ignorância – não se
    sabe o que adotar ou rejeitar –
Abandonar a sua terra natal é a prática
    do bodhisattva.*

— 3 —

*Ao abandonar lugares nocivos, as aflições
    gradualmente diminuem.
Sem distrações, a atividade virtuosa
    naturalmente floresce.
Quando a mente se torna clara, a
    convicção no Dharma surge.
Recorrer ao isolamento é a prática
    do bodhisattva.*

— 4 —

*Todos se separarão de seus parentes
    e velhos amigos;*

A riqueza, fruto do trabalho prolongado,
  será deixada para trás;
A convidada, a consciência, deixa seu
  abrigo, o corpo, para trás:
Abandonar a preocupação por esta vida
  é a prática do bodhisattva.

— 5 —

Ao fazer amizade com eles, os três
  venenos aumentam;
As atividades de ouvir, refletir e meditar
  diminuem
Enquanto o amor e a compaixão são
  aniquilados.
Abandonar os maus amigos é a prática
  do bodhisattva.

— 6 —

Contando com ele, os defeitos
  desaparecem;
As qualidades aumentam como a lua
  crescente.
Estimar o amigo espiritual genuíno
Mais que o próprio corpo é a prática
  do bodhisattva.

— 7 —

Eles próprios cativos na prisão do
  samsara,
Quem os deuses mundanos poderiam
  proteger?

Portanto, ao buscar proteção, tomar
  refúgio
Nas Três Joias infalíveis é a prática
  do bodhisattva.

— 8 —

O sofrimento dos reinos inferiores,
  tão intolerável,
Vem das ações negativas, assim o Buda
  ensinou.
Portanto, mesmo com nossa vida em
  risco,
Nunca cometer tais ações é a prática
  do bodhisattva.

— 9 —

A felicidade nos três reinos é como
  orvalho no capim –
Sua natureza é evaporar em um instante.
Se esforçar pelo supremo estado de
  liberação,
Que nunca muda, é a prática do
  bodhisattva.

— 10 —

Desde tempos sem princípio, nossas mães
  cuidaram de nós;
Se elas sofrem, de que serve nossa própria
  felicidade?
Portanto, liberar incontáveis seres vivos
E engendrar a bodhichitta é a prática do
  bodhisattva.

— 11 —

Todo o sofrimento deriva de querer
   a felicidade para si;
Budas perfeitos surgem da intenção
   de beneficiar os demais.
Portanto, realmente trocar a própria
   felicidade
Pelo sofrimento dos outros é a prática
   do bodhisattva.

— 12 —

Caso movido por grande desejo alguém
   roubar toda nossa riqueza
Ou levar outro alguém a fazê-lo,
Dedicar o corpo, posses e todo mérito dos
   três tempos
A esta pessoa é a prática do bodhisattva.

— 13 —

Mesmo que alguém decepe a nossa cabeça
Sem que tenhamos cometido o menor dos
   erros,
Tomar para si a negatividade
Com compaixão é a prática do
   bodhisattva.

— 14 —

Mesmo que alguém nos difame
   em bilhões de mundos,
Em retorno, com uma mente repleta
   de amor,

Elogiar suas qualidades é a prática
do bodhisattva.

— 15 —

Se diante de uma grande multidão alguém
disser palavras duras
E expuser nossos defeitos ocultos,
Ver essa pessoa como um amigo espiritual
E reverenciá-la é a prática do bodhisattva.

— 16 —

Caso alguém que estimemos como nosso
próprio filho
Vier a nos enxergar como inimigo,
Assim como faz uma mãe cuja criança
está gravemente doente,
Amar essa pessoa ainda mais é a prática
do bodhisattva.

— 17 —

Mesmo que pessoas inferiores ou semelhantes a nós,
Movidas pelo orgulho, nos rebaixem,
Com o mesmo respeito que temos pelo
nosso professor,
Colocá-las acima de nossa cabeça é a
prática do bodhisattva.

— 18 —

Mesmo que assolado pela pobreza e
sempre desprezado,

Atormentado por grave doença e/ou
   também espíritos malignos,
Não se desencorajar mas tomar para si
   as ações negativas
E a desgraça de todos os seres é a prática
   do bodhisattva.

— 19 —

Embora famoso, reverenciado por
   multidões
E tão afluente quanto um deus da riqueza,
Ver os bens do samsara como desprovidos
   de essência
E permanecer livre da arrogância é a
   prática do bodhisattva.

— 20 —

Sem subjugar o adversário, que é a sua
   própria raiva,
Ao combater inimigos externos, estes
   apenas se multiplicarão.
Portanto, com um exército de amor
   e compaixão,
Domar a própria mente é a prática
   do bodhisattva.

— 21 —

Objetos do desejo são como água salgada:
Quanto mais se desfruta deles, maior é
   a sede.
Abandonar imediatamente tudo

Que provoca apego é a prática do
bodhisattva.

— 22 —

As coisas conforme aparecem são a
sua própria mente;
A mente em si é sempre livre de
fabricações.
Sabendo disso, não se envolver nas
características
De um sujeito ou objeto é a prática
do bodhisattva.

— 23 —

Ao encontrar um objeto aprazível,
Veja-o como um arco-íris de verão –
Uma bela aparição, porém, sem realidade.
Abandonar o apego é a prática do
bodhisattva.

— 24 —

Todo o sofrimento é comparável à morte
de um filho no sonho;
Tomar essas aparências ilusórias como
reais, quão exaustivo!
Portanto, ao lidar com situações difíceis,
Vê-las como ilusões é a prática do
bodhisattva.

— **25** —

*Se aqueles que aspiram à iluminação
doam até seus próprios corpos,
Qual a necessidade de se mencionar
os objetos externos?
Portanto, sem a expectativa por recompensa ou por um resultado positivo,
Ser generoso é a prática do bodhisattva.*

— **26** —

*Se carecendo de disciplina não é possível
nem mesmo ajudar a si próprio,
Desejar beneficiar os outros é apenas uma piada.
Portanto, manter a disciplina
Livre do desejo pelo samsara é a prática
do bodhisattva.*

— **27** —

*Para os bodisattvas que aspiram à abundância de virtude,
Qualquer coisa que os prejudique é
um tesouro repleto de joias.
Portanto, nunca ficar agressivo ou zangado e
Ser paciente é a prática do bodhisattva.*

— **28** —

*Se Ouvintes e Realizadores Solitários,
pensando apenas no próprio benefício,*

*Praticam a diligência como se suas
   cabeças estivessem pegando fogo,
Desenvolver a diligência, a fonte de todas
   as qualidades
Que beneficiam todos os seres é a prática
   do bodhisattva.*

— **29** —

*Sabendo que a visão profunda plenamente
   dotada de calma mental
Vence por completo todas as aflições,
Cultivar uma concentração que transcende
Os quatro estados sem forma é a prática
   do bodhisattva.*

— **30** —

*Sem a sabedoria, as cinco perfeições
Não podem trazer à tona o despertar
   completo.
Cultivar a sabedoria dotada de meios hábeis
E livre de conceitos nos três domínios é a
   prática do bodhisattva.*

— **31** —

*Sem examinar a própria confusão, é
   possível mascarar-se
De praticante sem estar em harmonia com
   o Dharma.
Portanto, analisar continuamente a nossa
   confusão
E descartá-la é prática do bodhisattva.*

— 32 —

Se as aflições nos impelem a culpar outros
 bodhisattvas,
Você mesmo será enfraquecido.
Portanto, não mencionar os defeitos
 daqueles
Que entraram no caminho Mahayana
 é a prática do bodhisattva.

— 33 —

Conflitos surgem do desejo por honra e
 ganho;
As atividades de ouvir, refletir e meditar
 declinam.
Portanto, abandonar o apego às casas
De amigos, parentes e patrocinadores é a
 prática do bodhisattva.

— 34 —

Palavras duras afligem a mente alheia
E enfraquecem a conduta do bodhisattva.
Portanto, abandonar a fala grosseira
Que não agrada aos outros é a prática
 do bodhisattva.

— 35 —

Uma vez que se tornam um hábito,
 as aflições resistem aos remédios.
Com atenção alerta, o ser nobre agarra
 a arma do antídoto
E mata com um único golpe o seu inimigo,
 toda a aflição,

O desejo excessivo e todas as outras,
tal é a prática do bodhisattva.

— 36 —

Em suma, em qualquer lugar que estivermos e o que quer que façamos,
Enquanto nos mantivermos continuamente com plena atenção e alertas
Ao estado de nossa mente,
Beneficiar os outros é a prática do bodhisattva.

— 37 —

Dissipar o sofrimento de ilimitados seres
Com uma sabedoria que não é maculada pelos conceitos dos três domínios,
Dedicar para o completo despertar todo o mérito
Ganho por este esforço é a prática do bodhisattva.

— c —

Acompanhando o significado dos sutras e tratados
E também dos ensinamentos dos mestres genuínos,
Compus estes trinta e setes versos da prática do bodhisattva
Para o benefício daqueles que treinarão neste caminho.

— **d** —

*Uma vez que minha inteligência é limitada
e pouco treinada,
A maestria deste texto não agradará aos
eruditos.
Porém, baseando-se nos sutras e ensinamentos de mestres genuínos,
Estas práticas, eu acredito, não contêm
erros.*

— **e** —

*Para um intelecto inferior como o meu, é
difícil
Mensurar a vasta atividade de um
bodhisattva;
Portanto, eu rogo para que os mestres
genuínos tolerem
Todos os erros aqui presentes, as contradições, inconsistências e assim por diante.*

— **f** —

*Pela virtude advinda destes versos,
Através da bodhichitta absoluta e relativa,
Possam todos os seres se tornar iguais ao
Protetor Tchenrezig,
Que não reside em nenhum extremo de
existência ou paz.*

Para o benefício de si e de outros, o monge Thogme, um proponente das escrituras e da lógica, compôs estes versos na Caverna Ngulchu Rinchen.

Nhültchu Thogme Zangpo
(1295–1369)

Texto-raiz em tibetano

༄༅། །རྒྱལ་སྲས་ལག་ལེན་སོ་བདུན་མ་བཞུགས་སོ། །

ན་མོ་ལོ་ཀེ་ཤྭ་རཱ་ཡེ།

གང་གིས་ཆོས་ཀུན་འགྲོ་འོང་མེད་གཟིགས་ཀྱང་། །
འགྲོ་བའི་དོན་ལ་གཅིག་ཏུ་བརྩོན་མཛད་པའི། །
བླ་མ་མཆོག་དང་སྤྱན་རས་གཟིགས་མགོན་ལ། །
རྟག་ཏུ་སྒོ་གསུམ་གུས་པས་ཕྱག་འཚལ་ལོ། །

ཕན་བདེའི་འབྱུང་གནས་རྫོགས་པའི་སངས་རྒྱས་རྣམས། །
དམ་ཆོས་སྒྲུབ་ལས་བྱུང་སྟེ་དེ་ཡང་ནི། །
དེ་ཡི་ལག་ལེན་ཤེས་ལ་རག་ལས་པས། །
རྒྱལ་སྲས་རྣམས་ཀྱི་ལག་ལེན་བཤད་པར་བྱ། །

དལ་འབྱོར་རྒྱུ་ཆེན་རྙེད་དཀའ་ཐོབ་དུས་འདིར། །
བདག་གཞན་འཁོར་བའི་མཚོ་ལས་བསྒྲལ་བྱའི་ཕྱིར། །
ཉིན་དང་མཚན་དུ་གཡེལ་བ་མེད་པར་ནི། །
ཉན་སེམས་སྒོམ་པ་རྒྱལ་སྲས་ལག་ལེན་ཡིན། །

གཉེན་གྱི་ཕྱོགས་ལ་འདོད་ཆགས་ཆུ་ལྟར་གཡོ། །
དགྲ་ཡི་ཕྱོགས་ལ་ཞེ་སྡང་མེ་ལྟར་འབར། །
བླང་དོར་བརྗེད་པའི་གཏི་མུག་མུན་ནག་ཅན། །
ཕ་ཡུལ་སྤོང་བ་རྒྱལ་སྲས་ལག་ལེན་ཡིན། །

ཡུལ་ངན་སྤངས་པས་ཉོན་མོངས་རིམ་གྱིས་འགྲིབ། །
རྣམ་གཡེང་མེད་པས་དགེ་སྦྱོར་ངང་གིས་འཕེལ། །
རིག་པ་དྭངས་པས་ཆོས་ལ་ངེས་ཤེས་སྐྱེ། །
དབེན་པ་བསྟེན་པ་རྒྱལ་སྲས་ལག་ལེན་ཡིན། །

ཡུན་རིང་འགྲོགས་པའི་མཛའ་བཤེས་སོ་སོར་འབྲལ། །
འབད་པས་བསྒྲུབ་པའི་ནོར་རྫས་ཤུལ་དུ་ལུས། །
ལུས་ཀྱི་མགྲོན་ཁང་རྣམ་ཤེས་མགྲོན་པོས་བོར། །
ཚེ་འདི་བློས་བཏང་རྒྱལ་སྲས་ལག་ལེན་ཡིན། །

གང་དང་འགྲོགས་ན་དུག་གསུམ་འཕེལ་འགྱུར་ཞིང་། །
ཐོས་བསམ་སྒོམ་པའི་བྱ་བ་ཉམས་འགྱུར་ལ། །
བྱམས་དང་སྙིང་རྗེ་མེད་པར་སྒྱུར་བྱེད་པའི། །
གྲོགས་ངན་སྤོང་བ་རྒྱལ་སྲས་ལག་ལེན་ཡིན། །

གང་ཞིག་བསྟེན་ན་ཉེས་པ་ཟད་འགྱུར་ཞིང་། །
ཡོན་ཏན་ཡར་ངོའི་ཟླ་ལྟར་འཕེལ་འགྱུར་བའི། །
བཤེས་གཉེན་དམ་པ་རང་གི་ལུས་ལས་ཀྱང་། །
གཅེས་པར་འཛིན་པར་རྒྱལ་སྲས་ལག་ལེན་ཡིན། །

རང་ཡང་འཁོར་བའི་བཙོན་རར་བཅིངས་པ་ཡིས། །
འཇིག་རྟེན་ལྷ་ཡིས་སུ་ཞིག་སྐྱོབ་པར་ནུས། །
དེ་ཕྱིར་གང་ལ་སྐྱབས་ན་མི་བསླུ་བའི། །
དཀོན་མཆོག་སྐྱབས་འགྲོ་རྒྱལ་སྲས་ལག་ལེན་ཡིན། །

ཤིན་ཏུ་བཟོད་དཀའི་ངན་སོང་སྡུག་བསྔལ་རྣམས། །
སྡིག་པའི་ལས་ཀྱི་འབྲས་བུར་ཐུབ་པས་གསུངས། །
དེ་ཕྱིར་སྲོག་ལ་བབ་ཀྱང་སྡིག་པའི་ལས། །
ནམ་ཡང་མི་བྱེད་རྒྱལ་སྲས་ལག་ལེན་ཡིན། །

སྲིད་གསུམ་བདེ་བ་རྟག་ཏུའི་ཞིལ་པ་བཞིན། །
ཡུད་ཙམ་ཞིག་གིས་འཇིགས་པའི་ཆོས་ཅན་ཡིན། །
ནམ་ཡང་མི་འགྱུར་ཐར་པའི་གོ་འཕང་མཆོག །
དོན་དུ་གཉེར་བ་རྒྱལ་སྲས་ལུགས་ལེན་ཡིན། །

ཐོག་མེད་དུས་ནས་བདག་ལ་བརྩེ་བ་ཅན། །
མ་རྣམས་སྡུག་ན་རང་བདེས་ཅི་ཞིག་བྱ། །
དེ་ཕྱིར་མཐའ་ཡས་སེམས་ཅན་བསྒྲལ་བྱའི་ཕྱིར། །
བྱང་ཆུབ་སེམས་བསྐྱེད་རྒྱལ་སྲས་ལུགས་ལེན་ཡིན། །

སྡུག་བསྔལ་མ་ལུས་བདག་བདེ་འདོད་ལས་བྱུང་། །
རྫོགས་པའི་སངས་རྒྱས་གཞན་ཕན་སེམས་ལས་འཁྲུངས། །
དེ་ཕྱིར་བདག་བདེ་གཞན་གྱི་སྡུག་བསྔལ་དག །
ཡང་དག་བརྗེ་བ་རྒྱལ་སྲས་ལུགས་ལེན་ཡིན། །

སུ་དག་འདོད་ཆེན་དབང་གིས་བདག་གི་ནོར། །
ཐམས་ཅད་འཕྲོག་གམ་འཕྲོག་ཏུ་འཇུག་ན་ཡང་། །
ལུས་དང་ལོངས་སྤྱོད་དུས་གསུམ་དགེ་བ་རྣམས། །
དེ་ལ་བསྔོ་བ་རྒྱལ་སྲས་ལུགས་ལེན་ཡིན། །

བདག་ལ་ཉེས་པ་ཅུང་ཟད་མེད་བཞིན་དུ། །
གང་དག་བདག་གི་མགོ་བོ་གཅོད་བྱེད་ན། །
སྙིང་རྗེའི་དབང་གིས་དེ་ཡི་སྡིག་པ་རྣམས། །
བདག་ལ་ལེན་པ་རྒྱལ་སྲས་ལག་ལེན་ཡིན། །

འགའ་ཞིག་བདག་ལ་མི་སྙན་སྣ་ཚོགས་པ། །
སྟོང་གསུམ་ཁྱབ་པར་སྒྲོགས་པར་བྱེད་ན་ཡང་། །
བྱམས་པའི་སེམས་ཀྱིས་སླར་ཡང་དེ་ཉིད་ཀྱི། །
ཡོན་ཏན་བརྗོད་པ་རྒྱལ་སྲས་ལག་ལེན་ཡིན། །

འགྲོ་མང་འདུས་པའི་དབུས་སུ་འགའ་ཞིག་གིས། །
མཚང་ནས་བྲུས་ཤིང་ཚིག་ངན་སྨྲ་ན་ཡང་། །
དེ་ལ་དགེ་བའི་བཤེས་ཀྱིས་འདུ་ཤེས་ཀྱིས། །
གུས་པར་འདུད་པ་རྒྱལ་སྲས་ལག་ལེན་ཡིན། །

བདག་གི་བུ་བཞིན་གཅེས་པར་བསྐྱངས་པའི་མིས། །
བདག་ལ་དགྲ་བཞིན་ལྟ་བར་བྱེད་ན་ཡང་། །
ནད་ཀྱིས་བཏབ་པའི་བུ་ལ་མ་བཞིན་དུ། །
ལྷག་པར་བརྩེ་བ་རྒྱལ་སྲས་ལག་ལེན་ཡིན། །

རང་དང་མཉམ་པ་དམན་པའི་སྐྱེ་བོ་ཡིས། །
ང་རྒྱལ་དབང་གིས་བསྐུམ་ཐབས་བྱེད་ན་ཡང༌། །
བླ་མ་བཞིན་དུ་གུས་པས་བདག་གི་སྤྱི། །
སྐྱི་བོར་ལེན་པ་རྒྱལ་སྲས་ལག་ལེན་ཡིན། །

འཚོ་བས་འཕོངས་ཤིང་རྟག་ཏུ་མི་ཡིས་བསྐུམས། །
ཚབས་ཆེན་ནད་དང་གདོན་གྱིས་བཏབ་གྱུར་སྲིད། །
འགྲོ་ཀུན་སྡིག་སྡུག་བདག་ལ་ལེན་བྱེད་ཅིང༌། །
ཞུམ་པ་མེད་པ་རྒྱལ་སྲས་ལག་ལེན་ཡིན། །

སྙན་པར་གྲགས་ཤིང་འགྲོ་མང་སྤྱི་བོས་བཏུད། །
རྣམ་ཐོས་བུ་ཡིས་ནོར་འདྲ་ཐོབ་གྱུར་ཀྱང༌། །
སྲིད་པའི་དཔལ་འབྱོར་སྙིང་པོ་མེད་གཟིགས་ནས། །
ཁེངས་པ་མེད་པ་རྒྱལ་སྲས་ལག་ལེན་ཡིན། །

རང་གི་ཞེ་སྡང་དགྲ་བོ་མ་ཐུལ་ན། །
ཕྱི་རོལ་དགྲ་བོ་བཏུལ་ཞིང་འཕེལ་བར་འགྱུར། །
དེ་ཕྱིར་བྱམས་དང་སྙིང་རྗེའི་དམག་དཔུང་གིས། །
རང་རྒྱུད་འདུལ་བ་རྒྱལ་སྲས་ལག་ལེན་ཡིན། །

འདོད་པའི་ཡོན་ཏན་ལྔ་ཀླུའི་ཆུ་དང་འདྲ། །
ཇི་ཙམ་སྤྱད་ཅིང་སྲེད་པ་འཕེལ་བར་འགྱུར། །
གང་ལ་ཞེན་ཆགས་སྐྱེ་བའི་དངོས་པོ་རྣམས། །
འཕྲལ་ལ་སྤོང་བ་རྒྱལ་སྲས་ལག་ལེན་ཡིན། །

ཇི་ལྟར་སྣང་བ་འདི་དག་རང་གི་སེམས། །
སེམས་ཉིད་གདོད་ནས་སྤྲོས་པའི་མཐའ་དང་བྲལ། །
དེ་ཉིད་ཤེས་ནས་གཟུང་འཛིན་མཚན་མ་རྣམས། །
ཡིད་ལ་མི་བྱེད་རྒྱལ་སྲས་ལག་ལེན་ཡིན། །

ཡིད་དུ་འོང་བའི་ཡུལ་དང་འཕྲད་པ་ན། །
དབྱར་གྱི་དུས་ཀྱི་འཇའ་ཚོན་ཇི་བཞིན་དུ། །
མཛེས་པར་སྣང་ཡང་བདེན་པར་མི་ལྟ་ཞིང་། །
ཞེན་ཆགས་སྤོང་བ་རྒྱལ་སྲས་ལག་ལེན་ཡིན། །

སྡུག་བསྔལ་སྣ་ཚོགས་རྨི་ལམ་བུ་ཤི་ལྟར། །
འཁྲུལ་སྣང་བདེན་པར་བཟུང་བས་ཨ་ཐང་ཆད། །
དེའི་ཕྱིར་མི་མཐུན་རྐྱེན་དང་འཕྲད་པའི་ཚེ། །
འཁྲུལ་པར་ལྟ་བ་རྒྱལ་སྲས་ལག་ལེན་ཡིན། །

བྱང་ཆུབ་འདོད་པས་ལུས་ཀྱང་བཏང་དགོས་ན། །
ཕྱི་རོལ་དངོས་པོ་རྣམས་ལ་སྨོས་ཅི་དགོས། །
དེ་ཕྱིར་ལན་དང་རྣམ་སྨིན་མི་རེ་བའི། །
སྦྱིན་པ་གཏོང་བ་རྒྱལ་སྲས་ལག་ལེན་ཡིན། །

ཚུལ་ཁྲིམས་མེད་པར་རང་དོན་མི་འགྲུབ་ན། །
གཞན་དོན་སྒྲུབ་པར་འདོད་པ་གད་མོའི་གནས། །
དེ་ཕྱིར་སྲིད་པའི་འདུན་པ་མེད་པ་ཡི། །
ཚུལ་ཁྲིམས་སྲུང་བ་རྒྱལ་སྲས་ལག་ལེན་ཡིན། །

དགེ་བའི་ལོངས་སྤྱོད་འདོད་པའི་རྒྱལ་སྲས་ལ། །
གནོད་བྱེད་ཐམས་ཅད་རིན་ཆེན་གཏེར་དང་མཚུངས། །
དེ་ཕྱིར་ཀུན་ལ་ཞེ་འགྲས་མེད་པ་ཡི། །
བཟོད་པ་སྒོམ་པ་རྒྱལ་སྲས་ལག་ལེན་ཡིན། །

རང་དོན་འབའ་ཞིག་སྒྲུབ་པའི་ཉན་རང་ཡང་། །
མགོ་ལ་མེ་ཤོར་བཟློག་ལྟར་བརྩོན་མཐོང་ན། །
འགྲོ་ཀུན་དོན་དུ་ཡོན་ཏན་འབྱུང་གནས་ཀྱི། །
བརྩོན་འགྲུས་རྩོམ་པ་རྒྱལ་སྲས་ལག་ལེན་ཡིན། །

ཞི་གནས་རབ་ཏུ་ལྡན་པའི་ལྷག་མཐོང་གིས། །
ཉོན་མོངས་རྣམ་པར་འཇོམས་པར་ཤེས་བྱས་ནས། །
གཟུགས་མེད་བཞི་ལས་ཡང་དག་འདའ་བ་ཡི། །
བསམ་གཏན་སྒོམ་པ་རྒྱལ་སྲས་ལག་ལེན་ཡིན། །

ཤེས་རབ་མེད་པར་ཕ་རོལ་ཕྱིན་ལྔ་ཡིས། །
རྫོགས་པའི་བྱང་ཆུབ་འཐོབ་པར་མི་ནུས་པས། །
ཐབས་དང་ལྡན་ཞིང་འཁོར་གསུམ་མི་རྟོག་པའི། །
ཤེས་རབ་སྒོམ་པ་རྒྱལ་སྲས་ལག་ལེན་ཡིན། །

རང་གི་འཁྲུལ་པ་རང་གིས་མ་བརྟགས་ན། །
ཆོས་པའི་གཟུགས་ཀྱིས་ཆོས་མིན་བྱེད་སྲིད་པས། །
དེ་ཕྱིར་རྒྱུན་དུ་རང་གི་འཁྲུལ་པ་ལ། །
བརྟགས་ནས་སྤོང་བ་རྒྱལ་སྲས་ལག་ལེན་ཡིན། །

ཉོན་མོངས་དབང་གིས་རྒྱལ་སྲས་གཞན་དག་གིས། །
ཉེས་པ་བྱུང་ན་བདག་ཉིད་ཉམས་འགྱུར་བས། །
ཐེག་པ་ཆེ་ལ་ཞུགས་པའི་གང་ཟག་གིས། །
ཉེས་པ་མི་སྨྲ་རྒྱལ་སྲས་ལག་ལེན་ཡིན། །

སྐྱེད་བགྱུར་དབང་གིས་ཕན་ཚུན་ཆོད་འགྱུར་ཞིང་། །
ཐོས་བསམ་སྒོམ་པའི་བྱ་བ་ཉམས་འགྱུར་བས། །
མཛའ་བཤེས་ཁྱིམ་དང་སྙིན་བདག་ཁྱིམ་རྣམས་ལ། །
ཆགས་པ་སྤོང་བ་རྒྱལ་སྲས་ལག་ལེན་ཡིན། །

རྱབ་མོའི་ཚིག་གིས་གཞན་སེམས་འཁྲུག་འགྱུར་ཞིང་། །
རྒྱལ་བའི་སྲས་ཀྱི་སྤྱོད་ཚུལ་ཉམས་འགྱུར་བས། །
དེ་ཕྱིར་གཞན་གྱི་ཡིད་དུ་མི་འོང་བའི། །
ཚིག་རྩུབ་སྤོང་བ་རྒྱལ་སྲས་ལག་ལེན་ཡིན། །

ཉོན་མོངས་གོམས་ན་གཉེན་པོས་བཟློག་དཀའ་བས། །
དན་ཤེས་སྐྱེས་བུས་གཉེན་པོའི་མཚོན་བཟུང་ནས། །
ཆགས་སོགས་ཉོན་མོངས་དང་པོ་སྐྱེས་མ་ཐག །
འབྱུར་འཇོམས་བྱེད་པར་རྒྱལ་སྲས་ལག་ལེན་ཡིན། །

མདོར་ན་གང་དུ་སྤྱོད་ལམ་ཅི་བྱེད་ཀྱང་། །
རང་གི་སེམས་ཀྱི་གནས་སྐབས་ཅི་འདྲ་ཞེས། །
རྒྱུན་དུ་དན་དང་ཤེས་བཞིན་ལྡན་པ་ཡིས། །
གཞན་དོན་སྒྲུབ་པ་རྒྱལ་སྲས་ལག་ལེན་ཡིན། །

དེ་ལྟར་བཙུན་པས་བསྒྲུབ་པའི་དགེ་བ་རྣམས། །
མཐའ་ཡས་འགྲོ་བའི་སྡུག་བསྔལ་བསལ་བྱའི་ཕྱིར། །
འཁོར་གསུམ་རྣམ་པར་དག་པའི་ཤེས་རབ་ཀྱིས། །
བྱང་ཆུབ་བསྒྲོ་བ་རྒྱལ་སྲས་ལག་ལེན་ཡིན། །

མདོ་རྒྱུད་བསྟན་བཅོས་རྣམས་ལས་གསུངས་པའི་དོན། །
དམ་པ་རྣམས་ཀྱི་གསུང་གི་རྗེས་འབྲངས་ནས། །
རྒྱལ་སྲས་རྣམས་ཀྱི་ལག་ལེན་སུམ་ཅུ་བདུན། །
རྒྱལ་སྲས་ལམ་ལ་སློབ་འདོད་དོན་དུ་བཀོད། །

བློ་གྲོས་དམན་ཞིང་སྦྱངས་པ་ཆུང་བའི་ཕྱིར། །
མཁས་ལ་དགྱེས་པའི་སྡེབ་སྦྱོར་མ་མཆིས་ཏེ། །
མདོ་དང་དམ་པའི་གསུང་ལ་བརྟེན་པའི་ཕྱིར། །
རྒྱལ་སྲས་ལག་ལེན་འཁྲུལ་མེད་ལགས་པར་སེམས། །

འོན་ཀྱང་རྒྱལ་སྲས་སྤྱོད་པ་རླབས་ཆེན་རྣམས། །
བློ་དམན་བདག་འདྲས་གཏིང་དཔག་དཀའ་བའི་ཕྱིར། །
འགལ་དང་མ་འབྲེལ་ལ་སོགས་ཉེས་པའི་ཚོགས། །
དམ་པ་རྣམས་ཀྱིས་བཟོད་པ་མཛད་དུ་གསོལ། །

དེ་ལས་བྱུང་བའི་དགེ་བས་འགྲོ་བ་ཀུན། །
དོན་དམ་ཀུན་རྫོབ་བྱང་ཆུབ་སེམས་མཆོག་གིས། །
སྲིད་དང་ཞི་བའི་མཐའ་ལ་མི་གནས་པའི། །
སྨོན་རས་གཞིགས་མགོན་དེ་དང་མཚུངས་པར་ཤོག །

ཅེས་པའང་གཞན་ལ་ཕན་པའི་དོན་དུ་ཡུང་དང་རིགས་པ་སྨྲ་བའི་བཙུན་པ་བློགས་མེད་ཀྱིས་དཔལ་རྒྱའི་རིན་ཆེན་ཕུག་ཏུ་
བགོ། །

Agradecimentos

Essas palestras não poderiam ter acontecido sem a dedicação e o trabalho duro das monjas do Convento de Tilokpur, na Índia. Elas providenciaram o ambiente perfeito para que os ensinamentos desabrochassem. Ringu Tulku Rinpoche fez a tradução simultânea das aulas, que foram incrementadas com o comentário do Gyalwang Karmapa na primavera de 2008, e o texto foi traduzido por Michele Martin. Somos gratos a Sally Clay por sua transcrição e edição inicial dos ensinamentos de Tilokpur.

Apreciamos Lama Tashi Gawa por inserir o texto em tibetano e, também, Chojor Radha por seu ótimo conselho sobre as traduções. Daia Gerson forneceu seu trabalho de edição, que é sempre excelente, e Tracy Davis deu ótimas sugestões. Peter van Deurzen, Maureen McNicholas e Florence Wetzel, da KTD Publications, gentilmente providenciaram o contexto para este livro ganhar vida. Naomi Schmidt, da *Densal*, supervisionou todo o projeto, desde pedir a Gyalwang Karmapa a permissão para publicar até a formatação e o design do livro (*na edição original*). Nossos agradecimentos se estendem ao redor do mundo a todos aqueles que contribuíram generosamente para esta publicação.

eu**reciclo**
.com.br

O selo eureciclo faz a compensação ambiental das embalagens usadas pela Editora Lúcida Letra.

Que muitos seres sejam beneficiados.

Para mais informações sobre lançamentos
da Lúcida Letra, cadastre-se em
www.lucidaletra.com.br

Este livro foi impresso em setembro de 2020,
na gráfica da Editora Vozes, em papel Avena 80g,
com as fontes Cabrito e Sabon.